離去的，點滴
都在心中；
留下的，也請
多多保重！

程詩詠先生作品

推薦序

　　Simpson 影滷味？最初聽到，口水直流，Sorry，睇真啲，原來係「老美」——老香港之美，嘩！不得了，嗒落竟然同食港式滷味一樣，好有味道！

　　由天星小輪直落到九龍塘「獵苑」，二百幾頁平面帶我穿越時空，由大叔變返幾歲細路哥。我細個時住灣仔，電車同天星小輪都係我啲 Friend，兩者橫橫直直工整而簡潔的構圖，建構咗我兒時嘅美學。Simpson 寫實嘅攝影風格，無畫蛇添足，不嘩眾取寵，如實將我平日見到嘅美，緊緊咁捕捉住，令我諗起小時候返學經過大陽台下藥材舖成日送山渣餅畀我食嘅老闆、每逢假期跟老豆老母去龍門大酒樓飲茶見到嘅鐵窗花、讀設計時喺尖沙咀天星碼頭下層雪糕店做 Part-time，邊賣雪糕邊畫素描勁 Chill 嘅自己，真係 Good Old Days！

　　對我嚟講，「獵苑」肯定係全書「重中之重」。升讀高小後我由港島搬入沙田，每次坐巴士經過浸會大學橋面，都會眼甘甘望住九龍塘一堆豪宅，傻到曾經幻想將來自己個女叫「程映月」……不過我嘅頭號佳麗其實唔係畢架山嘅「映月臺」，而係呢幢擁有長長玻璃窗樓梯井嘅綠色大樓！多謝 Simpson 話我知，原來從高空望落去，幢樓係以獵戶座嘅形態建成，所以先改名「獵苑」，含蓄而浪漫，真係勁到呢……

　　最後的港式大門楣窗窗花，對住係天台屋嘅我嚟講，就好似見返兒時玩具咁。以前大人忙搵食，邊得閒理我哋呢啲馬騮，於是三兄弟日爬夜爬，響啲窗框窿窿窿窿去，跌唔死算好彩。成日都話，攝影只係一種講故事嘅媒介，真心多謝 Simpson，呢本香港故事書，肯定會成為我嘅珍藏。

Brian Ching 程詩詠

香港資深運動攝影師
二零二二年四月二十六日

初版序

　　事隔一年，我又再度有份參與《香港老美》的採訪工作，我只是來幫個忙的助手，撰寫、資料搜集的始終是臣哥。沒想到，我們的小本製作，竟然來得如此大的迴響。去年還有點小插曲，由最初只是想紀錄點東西，變成後來結集成書，如今還來到《香港老美2》——香港，實在有太多東西需要記住。

　　時代巨輪不停流轉，我們無法阻止它的前進，但可以利用影像與文字，把一切真正屬於香港人的東西記下來。《香港老美》一書，有幸得到多方面的支持，還成了大學圖書館裡的館藏，有日我走過公共圖書館，想找一些關於百年宗教建築的書藉，發現《香港老美》也來到了公共圖書館。昨晚，見到有團體注意到彌敦道190號，希望政府可以保育這幢碩果僅存的戰前建築；回想起一年前，臣哥在《香港老美》付印前最後一刻，跑到彌敦道190號做了簡單的考察，並希望有人可以幫忙聯絡租客，讓他拍攝建築物的內部，即使不幸日後拆卸了，也有個紀錄。可惜事與願遺，雖然看清了人性的醜惡，但幸好一年後的今天，有團體高度關注，並作出進一步的保育行動。

　　這兩年，跟著臣哥採訪、編輯、看排版、書展賣書、做講座，除了在《香港老美》書展展位「站崗」招呼讀者們而獲得一點工資外，我是分文不收。

　　原來最大的滿足感，是聽到各位讀者特意前來說一句：多謝！

沙米

《香港老美》Social Media Strategist
二零二二年六月三日

初版作者序

　　闖過了一趟不平凡的旅程,大家又似乎返回當初的起點——驚訝、不意外、祝福,然後繼續「你有你嘅生活,我繼續我嘅忙碌」,裝作若無其事的繼續吃拉睡。但,生活的信念,也隨著那些看似微不足道的小砌圖,一片一片地丟失而開始動搖。

　　最初寫《香港老美》第一集的時候,沒有太多的期盼,只希望做一本不會被塞進倉庫封塵的書;拙作出版後才發現,「香港故事」原來是許多香港人的一點慰藉。記得 2021 年書展某一夜,有位年紀稍大的叔叔急急腳向我的展位跑過來,二話不說就要了一本《香港老美》。收工前生意淡薄,我就跟這位叔叔聊起來——原來他過兩天就要移民英國,「我在香港土生土長,讀書打工、成家立室;可是回首一看,才發現自己還沒有好好認識這個『屋企』;我會帶著這本書上飛機做我這趟行程的 buddy……多謝你!」臨走前,我在書首寫了些祝福句,雙手遞上以表謝意之時,才發現大家都是眼淺之人!

　　老美,不一定需要留下。畢竟,時代巨輪不停向前,某些東西的功能或使命到了盡頭時,就讓它有尊嚴地退下來,或找個新角色、新環境讓它重生,也許更好。至於倖存的,也請用心保育栽培,正所謂「有錢出錢,有力出力」——誠如一眾保育機構,即使有專業的文物保育學者出手,也需要民眾支持,哪怕是一人一句,十萬人就是十萬句。「保育就是要讓大眾多了解、多討論!」張敬軒先生在 Alberose 受訪時如是說。

　　談到張生,除了感謝「皇上御賜」新書書題外,見到他在如斯環境下依然「酷愛」香港,盡一切努力去承傳「屋企」的歷史和文化,大家作為「屋企人」,都應該出一份力。記起中學教師朋友的一席話:「我留響度教書,其實未必教或救到好多嘢;但如果我『拍拍籮柚』走咗,就肯定有其他人嚟教第二啲我哋唔係好想佢教嘅嘢!」

　　承傳,除了出錢出力,有時的確需要一點街頭智慧。

Simpson 黃慶雄

經緯文化出版共同創辦人
二零二二年六月五日

修訂版序

去年春天，世事未明，人與人之間彷彿隔着最遙遠的距離，時間停擺。

《香港老美•貳》是在此陰霾密佈、沒有預期的情況下編寫——沒預計第一冊會收穫讀者的喜愛及各方迴響，亦沒期望此冊會有前書的成績、甚至有續篇〔第三冊《記住•香港•老美》〕，即出書便完成我們的奇幻旅程。堅持下來，可能只因大家與這個城市的同呼同吸，題材亦因此更貼近生活及深入。

文字、相片、聲音，皆是記錄的媒介，讓我們經過發掘與考證，穿越時空、窺探歷史。筆桿與文字，可鋒利如刀刃，亦最為率性和感人。相機與照片，看似是客觀的觀察者，其實包含最個人的角度。聲音，蘊藏最直接的情感及感染力，全憑錄音方可捕捉那一瞬間，變成永恆，並廣為傳播。

但錄音工業罕被記述，亦因流行音樂成就了香港的部分特色藝術文化，故有了撰寫其中標誌地——「AVON雅旺錄音室」的想法。及後，團隊不單以文字及相片記載了「聲音」，還錄製了有聲書；過程雖百折千迴，但能令老美突破實體書的地域與疫時限制，隨時到訪身處世界各地、你們的耳邊，很感恩。

此刻，由無比遙遠，至感覺無比靠近。

現在，即過去與未來的相交點。原來，看似乏味來回的天星小輪於香港保衛戰時「小輪也作戰」，拯救了無數生命包括嘉道理家族，亦連起了與嘉林邊道變電站建築師的故事。今天，中環街市已完成修復，再次服務大眾；霓虹招牌歷盡了繁華，現面臨法例變遷及工藝承傳問題，但大家視之為集體回憶，合力為其關注、保留或重生。

一邊偵查與發掘，一邊記錄、見證近年更急促改變的事物，並喚起關注。

也許《老美》不知不覺間，亦多了一份使命感。

Carmen

《香港老美》小編拾號
二零二三年十一月九日

有天我跟臣哥在討論《香港老美‧貳》究竟發生了甚麼問題，無法讓大家容易注意。我說不如試試把封面砍掉再重練，即是說完全放棄原有的封面設計。《香港老美》系到的出現，也是個「砍掉再重練」的項目——透過臣哥的鏡頭和文字，摒棄旅遊書的編採模式，在沒有框框的限制下，把我們認識的香港再次重新呈現給大家。

　　今天我寫這個序，人也身處在英國，或許我還是想念香港的人和事，離開是為了回來。我寄往英國的家當不多，部份仍留在香港的家中，收拾的時候，毫不猶豫把《香港老美》全套一同帶到英國來，還有那個「香港老美 x 超力 2024 月曆」，那晚在亞洲協會香港中心舉行的新書分享會完畢後，我二話不說便把月曆收藏起來放進袋子裡。

　　來到英國後，發覺很多事情並不陌生，路牌、郵筒、交通燈、雙層巴士、女皇頭錢幣等等，既熟悉又陌生的感覺。打開《香港老美》，發現我們熟悉的東西，可以在這個陌生的國度裡尋回。對的，我們無法抹去歷史，也應該從歷史中汲取教訓，因此無法否認英國在香港曾經管治過，把許多英倫文化傳到來香港。

　　古時有史官如實記下眼前種種成為歷史書，今有《老美》記下香港昔日的一磚一瓦與及人和事，這本筆記簿集合了許多香港人的故事，他們或許以為自己的故事只是九牛一毛，但「香港」這個地方便是靠這些微不足道的小故事而編織成的，我們也是一群微不足道的人，但卻是香港歷史上重要的一份子，一個也不能少。

沙米

《香港老美》小編玖號 /Social Media Strategist
二零二三年十一月二十二日

修訂版作者序

用心栽花，花不香。現實中，十常八九。

《香港老美‧貳》是系列中花最多時間做資料搜集、動用最多人力物力、走訪時間最多的一本，甚至訪問身在美國的香港保衛戰倖存者，務求全面記錄。也敢說，這本書的攝影作品是三集之中最滿意的一套。付梓後，期待滿滿；但無奈，時不與它——書本用紙突然缺貨，繼而踩上「五百年一遇」、連環兩次釘裝出錯不幸事件，最後當然是貨期不準。痴痴苦等成書後，銷量也未如理想，即使打盡人情牌四處推廣，也是徒然。

知心友表示書本內容豐富，但沉重；
也有出版業老行尊表示，封面暗沉，認不出相中內容；
更有讀者來信表示，書中個別章節內容異常複雜，難於一時三刻理解。

此書倉數一直高企，苦無銷路。本來打定輸數，預計年底會被發行商大量退書，誰不知兄弟作《記住‧香港‧老美》帶起一套三冊的熱潮，頓時把一、二集的倉存都給銷光光。但總不能三缺二吧！膽粗粗之下就決定將《香港老美》和《香港老美‧貳》重新修訂再版，來個團圓結局，功德圓滿。

修訂之路，本以為改大尺寸、搬字過紙便是。誰不知遇上「超愛」老美的舊同事兼大學師姐Jenny——她把《香港老美‧貳》隱藏多時的缺點通通指出。這裡改、那裡刪，更找來前傳媒友人蘇三，兩個人留在土瓜灣的餐室邊聊邊煮邊改。然後馬拉松式由午到晚不停從電話傳來截圖，把畫面畫得像籃球比賽戰術板一樣，箭咀橫飛，交叉滿瀉。

我的書真的那麼不濟嗎？

「記住，畫公仔不必畫出腸！堅實的框架已備，嘗試清空其他不太關鍵的雜訊，多留一點白，必有新天地！」如事者，我依從師姐和蘇三的建議，先清空舊有固執，再從細微處著手修正。結果，煥然一新，頓然澄明。一味硬塞，物極必反。

當了23年圖書編輯，這趟才如夢初醒，真正領略紙本出版的真義——在有限的空間和載體上，適量地放入精選再精選的資訊。這回受教了，同時也希望大家喜歡清減結實的《香港老美2》修訂版。

Simpson 黃慶雄

經緯文化出版共同創辦人
二零二三年十二月十二日

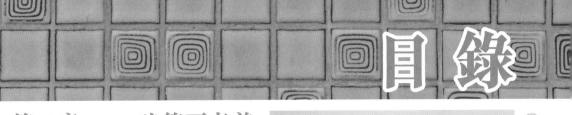

目 錄

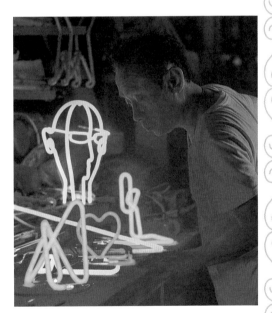

香港光芒，
支爱的·留下来·传下去·

序章

傳承之美

雅 旺 錄 音 室

你，最近有沒有聽過香港粵語流行曲？它，曾經令香港樂壇生色不少，如今它卻像瀕危動物，站在被絕種的邊緣，歌曲背後的製作人和音樂業界工作者，有些更是朝不晚保。但無論如何，香港有一間錄音室，作為業界的大棟樑，絕不能倒下——那就是 AVON（雅旺錄音室）。AVON 的 Studio A，見證過許多天皇巨星的來臨，梅艷芳、張國榮、陳百強、羅文、林憶蓮、Michael Jackson、Santana、Omara Portuondo 等 ...... 而許多樂壇後輩，如容祖兒、陳奕迅、林家謙等亦來到這裡體會前輩的氣息之餘，也承傳了他們對音樂的追求和熱情。想真正了解 AVON 如何成為香港音樂業界的殿堂，首先要從創辦它的母公司日本 CBS/SONY 和港方投資者中原電器大老闆趙哲陶先生講起。

● 請來錄音室的客人飲樽裝可樂這個傳統，暫時因貨源短缺而暫停，改用罐裝。但心思和人情味卻恆久不變。

● 雅旺錄音室這個金漆招牌，其實差一點就要落幕。幸得張敬軒先生接手，重整旗鼓，秉承昔日的 dignity 之餘，還展開了一系列的音樂保育工作。

● 從南京街外看錄音室，會見到 2／F 有一扇窗，那是用來運送大型器材入錄音室的位置，而整個 2／F 沒有窗的位置，就是錄音室的所在，是興建樓宇時特意設計的。地下的中原電器，其實就是 CBS／SONY 錄音室當年合夥人趙哲陶先生的家族生意。

• 2/F 的樓底，足足有 5.5 米高，是趙哲陶先生在投資興建益美大廈時，命建築師（林清和先生、葉耀邦先生）預先設計此層作錄音室之用。二樓外牆的門就是用來搬運大型器材入錄音室的出入口。

益美大廈（1983）
側面圖（Section B-B）

2.9m **3/F**

5.5m **AVON**
2/F

3.5m **1/F**

南京街　商店　**G/F**

1927 年，趙協庭先生（趙哲陶先生的爺爺）創辦專賣家電和收音機的中原電器。50 年代初，業務交予趙哲陶先生的爸爸趙靄華先生，並展開唱片銷售業務。時至 1961 年，中原電器夥拍曾福琴行，合資組成「福原電器」並取得日本新力公司（SONY）收音機和電視機的銷售代理權，結果在香港賣個滿堂紅。1973 年，趙哲陶先生正式掌舵中原電器，漸漸跟日本新力公司加深合作。5 年後，趙哲陶先生以家族公司 AVON Ltd. 跟日本的 CBS/SONY 唱片公司合組，在香港成立 CBS/SONY HK 推廣唱片演藝事業。當年公司主管就是發掘林憶蓮小姐出道的填詞人李添先生（Mr. Tony LEE，他較為人熟悉的作品是徐小鳳《風的季節》，也就是梅艷芳小姐在新秀歌唱大賽選唱的那首！）生意愈做愈大，熱愛音樂的趙先生就索性在 1978 年，以 AVON Ltd. 名義買下南京街 22-28 號地皮，興建「益美大廈」，並將 2 樓規劃成一所專業錄音室，由美國著名聲學工程師 Mr. Tom HIDLEY 設計，名為 CBS/SONY Recording Studios，為旗下歌手進行錄音和混音。

序章　承傳之老美

AVON's Studio A

Sound Lock
Tom Hidley 的獨
門秘方，以一對雙
斜面玻璃門分隔控
制室和錄音間。

TAD Custom
遠場監聽揚聲器
由 Tom Hidley
親手為 AVON 度身
設計。模擬舞台大
型喇叭的聲音。這
對 TAD 的低音單元
已經停產多年，十
分珍貴。

Neve 8068 Mixing Console
上手主人是著名的美國 RCA 唱片公司（巴
西分公司），此機曾為許多著名爵士大碟
混音，包括 Antonio Carlos Jobim
的『The Girl from Ipanema』。
2015 年新入伙時，更聘請英國音響工
程專家 Mr. Peter Higgs@Mode
Engineering 來港安裝。

　　它雖貴為當時亞洲最頂尖的錄音室之一，但沒有因其 in-house studio 的角色而

拒絕與業界交流，相反，寶麗金、華納和滾石都是錄音室的客戶，因此孕育出無數

經典大碟，包括 CBS/SONY HK 的蔡楓華《絕對空虛》、林憶蓮《灰色》、《愛上

一個不回家的人》、林志美《偶遇》、華納唱片陳百強《等待你》、王傑《一場遊

戲一場夢 *》和滾石唱片辛曉琪《領悟》。1995 年，趙哲陶先生向 CBS/SONY 買

入對方錄音室的股份，並改名為「雅旺錄音室」（AVON Recording Studios），獨

立運作至今。

* 此為王傑先生 1987 年出道之作，據聞此碟在台灣的銷量累計達 780 萬張。

錄音室
Tom Hidley 以『Room in the box』的設計方案將錄音室和控制室『隔離』，減少音染。昔日許多天皇巨星如張國榮先生、梅艷芳小姐均在此錄音。

斜面柚木木牆
Tom Hidley 以非對稱的斜面柚木木牆建造整個 Studio A，目的是盡量消減房間內聲音波浪的漫射。

TANNOY Super Red Monitor 10B
中場監聽揚聲器
屬發燒級喇叭，用於模擬家用音響喇叭的聲音。2015 年前採用 Genelec 1032A Active Speaker。但 AVON 的工程師希望聲音可以更接近 Analog 的味道，跟 Neve 8068 更匹配，故改用 Tannoy。

YAMAHA NS-10M Studio
近場監聽揚聲器
模擬電台或電視機喇叭的聲音，音色貼近家用電視機喇叭，是一般錄音室常用的經典型號。

中庸之道　海納百川

　　看過以上的歷史背景，你可以說 AVON 在硬件上已經贏在起跑線，但不要忘記，空有硬件、沒有軟件也是徒然。AVON 在香港音樂業界，或多或少擔當著一個如同「鄉公所」的角色——「這些年來，許多音樂人路過佐敦，就會上來坐一坐聊天；或者暫託幾件樂器（轉頭便取回），甚至其他監製把即將派台的 CD 暫存我們公司，待唱片公司的人來取；我們也會認真妥善保管啊！」於 2015 年接手 AVON 的新主人張敬軒先生笑說。上一代 AVON 負責人 Ako 接著補充：「許多行家閒時上來聊

● Tom Hidley 其中最為人津津樂道的設計，就是這一道雙斜面玻璃門「Sound Lock」，既可讓控制室和錄音室內的人互視，又可以隔絕兩房之間的噪音互傳。

天，於是我就預備定一些汽水請客；時間久了，發覺大部分朋友專挑可口可樂，但經常喝了半罐就說飽，所以後來轉買玻璃樽裝，一來味道好，二來分量少一點，不浪費，漸漸就成為了傳統。」除了待客之道，從 1985 年《新時代雜誌》中，找到了當年 CBS/SONY HK 主管李添先生的訪問。他表示 CBS/SONY 作為一間國際機構，香港分公司許多時候都會跟其他國家分公司的歌手和音樂人交流，所以要八面玲瓏。與此同時，香港分公司就採取中庸之道——曲風或作品都不願走到最尖端，但也不要跟潮流

● 不互相平行的牆身，以抵消房間內聲波的反彈，杜絕「嗡嗡聲」。

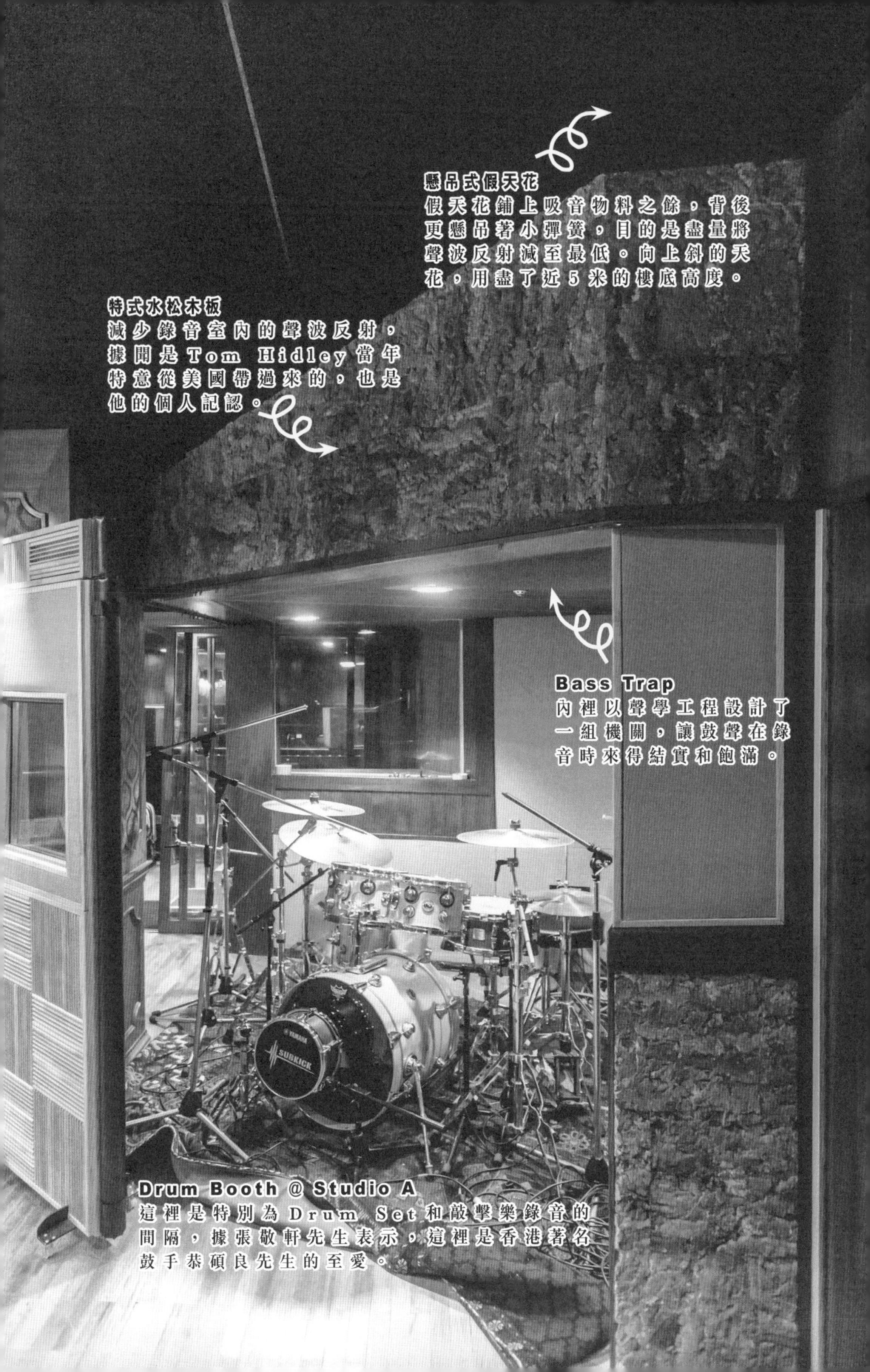
懸吊式假天花
假天花鋪上吸音物料之餘，背後更懸吊著小彈簧，目的是盡量將聲波反射減至最低。向上斜的天花，用盡了近5米的樓底高度。
特式水松木板
減少錄音室內的聲波反射，據聞是Tom Hidley當年特意從美國帶過來的，也是他的個人記認。
Bass Trap
內裡以聲學工程設計了一組機關，讓鼓聲在錄音時來得結實和飽滿。
Drum Booth @ Studio A
這裡是特別為Drum Set和敲擊樂錄音的間隔，據張敬軒先生表示，這裡是香港著名鼓手恭碩良先生的至愛。
SUBKICK
YAMAHA

• 奉為音樂業界傳奇的 FAIRCHILD 670 Tube Compressor，張敬軒先生都添了一台，而這台更是 Bob Dylan 私人錄音室曾經用過的。買來炫耀嗎？不！張敬軒先生寄語：「除實際用途外，還希望可以讓新人有機會接觸實物，親手試用模擬（analog）時代的頂級發燒器材擴闊視野。」

• 這台 Neve 8068 Mixing Console 的製作者 Mr. Rupert NEVE，在 60 年代開始專注製作專業級錄音室器材。70 年代，Rupert 製作了 8068，但當時金屬面版的塗層技術還沒有現在的成熟，所以 Rupert 就找了當時英國的海軍兵工廠幫忙，解決油漆和絲印刻度的問題；而圖中的灰藍色，就是海軍專用的 Navy Blue。

延伸閱讀：
模擬和數碼

　　Analog 模擬時代，混音聲軌數量有限，更要仔細考量錄音室的聲音反射問題，而且記錄用的磁帶有成本，反覆修改會有物理損耗和失真，故對錄音室的設備和設計要求很高。

　　Digital 數碼時代，則利用電腦將聲音轉換成電腦數據，有無限聲軌，更可無限反覆修改，因此一般人在家中就可以用低成本做音樂。雖說方便，但模擬音樂比數碼音樂的音色較圓潤、飽滿和均衡，更加耐聽。

太脫節；公司不是只顧賺錢，也希望培養新人，為聽眾及樂壇提供新口味。由此可見，AVON 除了先天硬件取勝外，人情味和海納百川的氣量也是其成功之道；因此 AVON 漸漸成為業界互相交流和學習的 community。

成也科技　敗也科技

AVON 成立時仍是模擬（analog）年代，錄音室內許多構件和聲學設計，已經一早考量妥當（因為沒有太多的後期調整空間），所以來到數碼（digital）年代，反而是一種優勢。而且，當年錄音室夥拍 SONY，許多器材都是那個年代的頂級設備，業界都視 AVON 為殿堂級錄音室。「90 年代是香港音樂業最昌盛的時期，AVON 的檔期全部爆滿，唱片公司更以月租來預訂錄音室，當時許多歌手『歌影視』三棲發展，很難遷就時間，所以當歌手一有空檔，唱片公司就立即『夾』人上來錄音。」資深 AVON 錄音工程師銘哥憶述當年盛世。90 年代，AVON 一小時的租金（連錄音室工程師）是 $1,500！是全行最貴的。時至今日（2022 年），收費仍是每小時 $1,500！「這個價錢，現今來說只是打個和，甚至是『蝕住做』，但我們不會減價爭客人。因為 AVON 是業界的指標，如果減價，其他錄音室又會跟著減價，整個營商生態就會變得更差，我反而希望可以有更多高級錄音室誕生呢！AVON 現在的角色不是要登峰造極，而是一個業界的學院！」張敬軒先生說。

儘管 AVON 以超高水準製作音樂，作品透過網路傳播開去，無遠弗屆，可是最後只淪為串流平台上用普通耳機收聽的「$8 歌」，甚至是免費的 Youtube MV，無論音色或音域都衰減了一大截，浪費了音樂人的心血。可是 AVON 和工程師們都抱著一個堅守業界 standard 的信念——張敬軒先生接手經營 AVON 後寄語，「希望做到工藝和文化的承傳，這裡有許多音樂人的足跡，他們對音樂創作的追求和熱情，均可以啟發後人。與此同時，科技雖然提供便利，讓普通人在短時間內上手；但一步登天就會覺得自己是『神』，所以 AVON 承傳音樂製作理念的同時，希望讓大家學懂謙卑，在洪流之中堅守信念。」

AVON's Studio B

ATC SCM25A Pro
中場監聽揚聲器
英國的著名手工有源喇叭，常見於大型錄音室，如英國的Abbey Road Studios。

○ Studio B 的 mixing console 是來自英國的 Solid State Logic 4000，主要用來做 R&B、Hip-Hop 和 Rock & Roll 音樂。

承 傳 的 使 命

「AVON 不是我收入的主要來源，甚至是一個經常性支出——這個單位我仍要向業主（趙生）交租呢！」張敬軒先生笑說。AVON 對於香港音樂工業有著不可代替的地位，是一眾業界人士心目中的殿堂，也保留了許多人的回憶——無論是曾在這裡錄音的天皇巨星、存放在這裡的珍貴母帶，和一眾頂級和富歷史意義的錄音混音器材……都值得一一保留。「我記得我初出道時，就在劉德華先生投資開設的 Q-Sound Studio 進行錄音和混音，2004 年製作《Blessing》大碟（大碟名應為《am/pm》）時，我就把錄音的預算資金省下，然後特意跑

。火車餐卡其實是歌手同行同事的休息間。

來 AVON 做後期混音——那是我第一次跟 AVON 結緣。能夠在 AVON 做音樂，某程度上就代表你已經在業界達到高水準的位置！」訪問到這裡，張敬軒先生的話語忽然變得沉重。

筆者好奇之下，翻查《Blessing》這首歌何故會令他如此感慨。原來這首歌是張敬軒先生於 2004 年，特意邀請黃霑先生填詞，希望霑叔可以寫一份表達英雄、為「沙士後」香港鼓舞的歌詞；從昔日訪問稿得知，張敬軒先生當年求詞之時，並不知悉霑叔已大病纏身。幸得黃霑太太幫助之下，終得霑叔答允，過幾天便收到歌詞手稿的傳真。錄音當晚張敬軒先生應霑叔早前吩咐，錄音前跟他先通個電話，談話中霑叔提到如果歌詞中某幾個字如唱得不太舒服，可以自行「扭一扭個音」。說著說著，霑叔在話筒中咳了一大聲，張敬軒先生憶述那是一下錐心至極的咳聲。霑叔收線前還向他說：「我都係廣州人，畀心機！」

完成錄音後，張敬軒先生就跑來 AVON 訂「Studio A」做大碟的後期混音，但 4 天之後，霑叔最終因病辭世，而《Blessing》這份歌詞就成為霑叔生前的最後作品。看畢整份詞，跟霑叔昔日作品的風格，的確有點不同。但看到其中兩句：

前 人 留 福 蔭 / 都 化 春 風 暖 世 間
投 身 山 野 間 / 教 小 小 子 認 識 星 星

再回顧張敬軒先生這些年來的保育工作，包括 Alberose、AVON 等等，大家就會如夢初醒——霑叔希望透過歌詞，將承傳的使命，交予張敬軒先生。誠如他在 Alberose 短片中所說，希望透過自己工作上的一些便利，將香港歷史和流行音樂文化，承傳下去。

留下來傳下去

歷史留聲機
—— 音樂母帶數碼備份

2015 年接手 AVON 後，張敬軒先生發現公司原來收藏了許多珍貴的歌曲母帶，包括張國榮先生、梅艷芳小姐、林憶蓮小姐、Beyond 樂隊等巨星大碟。為此 AVON 陸續將這些珍貴的母帶數碼化，作為備份。而其他唱片公司亦陸續請 AVON 為他們的母帶收藏做數碼備份，盡力保育這些曾經令香港發光發亮、滋潤了全球華人耳朵四十多年的歌聲。

母帶備份過程

1. 預熱

張生表示如母帶的歌手已故，打開母帶前會依習俗在大門上香稟告。母帶先預熱至 80°C——共 2 次，每次約 10 小時。

2. 上帶

焗鬆母帶後，放上播放器上試行一遍，確保正確無誤。

3. 數碼備份

順暢無誤後即可進行錄音，將母帶上的各條聲軌的模擬訊號（音樂或歌聲）轉成電腦的數碼檔案，稍後作重新混音或修改之用。

● 訪問離開前,在大門後見到這張大茶几,追問之下,才知道這是梅艷芳小姐昔日故居的遺物;張敬軒先生特意從拍賣會中競投回來,然後放在錄音室大走廊的當眼處,讓大家一同緬懷我們的香港女兒,也讓她好好緬懷這個她昔日錄音工作的老地方。

音樂的信仰

　　承傳，不是空喊口號——要心，也要金。在這個困難的營商環境下，AVON 如何走下去？「雖說家用電腦都可以做 home studio，但只屬 sound capturing 的層面，而錄音室是 sound recording——由工程師以多年的經驗，為歌手選最適合的話筒（註：據說陳奕迅《U87》大碟，就是在 AVON 選用他最愛、把他聲線錄得最好聽的 Neumann U87 話筒而命名）、調校最適合的收音角度，和後期作適當的聲音潤飾，將歌手最好的一面呈現給大家。Home studio 總不能取代專業錄音室，quality speaks the truth！」張敬軒先生語重心長的說。

　　「老實講，我和 Ako、銘哥始終有退下來的一日，我們其實一直都在尋找 AVON 下一任的繼承人！」筆者驚訝 AVON 在疫情後還未再大展鴻圖時就要談繼承！「其實已經有目標人選了——他是一位很虔誠的基督徒，宗教以外，音樂就是他的第二信仰！他既有心鑽研音樂，也懂得待人接物！AVON 裝修時，我以『收購價』賣了一台我們的舊 console 給他，然後連同那台充滿歷史意義、Studio A 舊有的 YAMAHA C7 Grand Piano 一併送予！」我們祝 AVON 全人長做長有，天長地久。

第一章

香 港 電 車

　　如果要選一種交通工具去代表香港，相信電車是最佳之選。由 1904 年成立至今，電車不停穿梭往來港島北岸兩端，也是當年維多利亞城的主要交通工具。它的歷史跟電車路軌一樣——雖長，但不太彎曲，而且算是平坦。除了二戰香港淪陷期間，好些時間因電力不足或電車欠零件維修而停駛外，大部分時間都一直維持營運。

● 電車的車速，雖然比不上巴士的士，往往被心急一族詛咒電車已屬夕陽交通工具，早早退役為佳。但事實證明，電車的慢活，往往是營營役役的都市人，一個難得回氣充電的空間。

● 說真的，電車服務出現「ERROR」的機會不是太多，不過如果可以在電車上見到樂隊「ERROR」成員的話，又不妨 error 一下！

慢得有道理

　　坐過電車的人，無不愛它。昔日的叮叮車鈴和上車閘口的「三節棍轉盤」，都是不少港島人的兒時回憶。相比起其他交通工具，電車的故障次數較低——起碼它不會「爆胎」或無油；但假若一輛電車出現故障停駛，尾隨的所有電車都要跟著停駛，頭尾相連地緊貼著，一排就是數十輛，相當壯觀。當然，電車也有其詬病——班次不平均、車速慢、炎夏時無冷氣、大風雨後座位被沾濕……其實，只要是自己喜歡的東西，任何缺點都能成為優點。

　　有關電車型號的歷史，官方有大量資訊，由第 1 代至第 7 代通通被詳列，不在這裡多談。反而其中一輛現役行駛中的電車，卻要珍而重之的好好記錄——那就是至今倖存的第 5 代電車，120 號！現役的 120 號，外形典雅，跟 50-80 年代服役的電車十分相似，許多人都以為它就是當年的第 5 代電車，被一直保存下來；但其實原裝的 120 號已經拆毀被退役，只是電車公司在 1991 年把 120 號電車復刻！那何解要大費周章做一輛積木車呢？一切就要從香港淪陷說起。

第一章　交通之老美

戰後重生 120

著名中國新聞學家薩空了先生在《香港淪陷日記》中記載著，12月11日他從中環雪廠街乘電車往跑馬地，傻乎乎地走往上層頭等車廂。電車駛到金鐘時遇到日軍空襲，炮彈剛好落在電車前十碼地段，全電車的人慌忙四散，包括司機連售票員完全逃掉，可是電車員工為了顧全大局，翌日又繼續服務；12月16日北角英皇道被日軍炮火轟炸，電車的高架電纜均告倒下；日佔時期，羅素街車廠更被日軍佔據成為兵工廠，資源和零件都缺乏，就連電力供應都出現問題，電車最終在1944年6月4日被迫停駛；英軍服務團（B.A.A.G.）的戰時報告中記錄日軍於1944年9月拆毀部分電車及兩台電車公司的發電機運返日本。1945年8月香港重光之時，電車公司只餘15輛電車勉強可行駛，修修補補之下終於捱到1949年。

當年電車公司的新任助理總經理兼總工程師莊士頓先生（Mr. C. S. JOHNSTON）決意將舊有殘存的車隊升級，研發出更流線型的「戰後型120號」——即第5代電車的原型樣版車，並於1949年10月19日成功試驗，代表電車公司戰後重生的象徵，肩負著打不死的信念。相信這就是電車公司在第5代電車陸續退役時，選中保留120號電車的其中一個原因。那為甚麼不把原裝的120號直接保留復修呢？皆因120號車身結構老化損耗，五勞七傷，勉強支撐至1991年。

電車公司隨即將120號解體，並請英國的Leeway車廠重新製作新車身，並將同期已退役、同屬第5代的「86號」電車部分零件及座椅拆下，裝上新車身，重現120號的傳奇故事。

• 在120號車尾樓梯前，裝有這塊紀念牌，標示這輛120號是1991年的復刻版。不過筆者見其字樣已經磨蝕到七七八八。

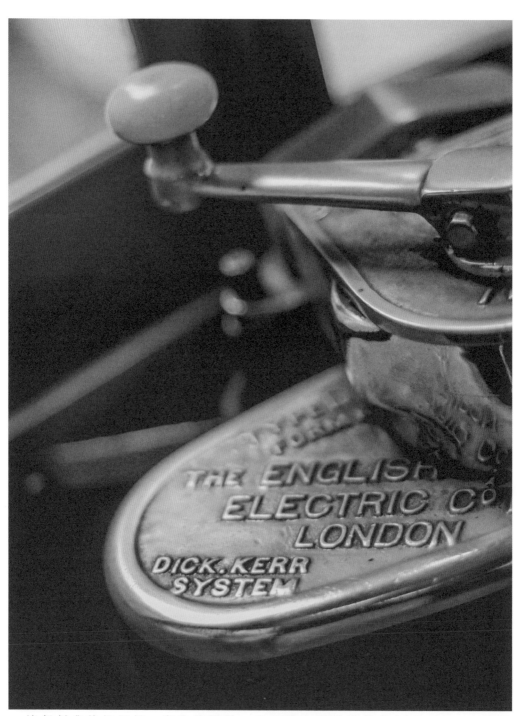

● 這個經典的扭扭桿，實為控速器，官方稱之為「干都拿」（Controller 的譯音）。

● 樓梯後的暗格，其實是當年售票員的座位，1972年之前上層是頭等，於車頭樓梯上落；下層三等在車尾上落車。1972年取消等級，就在車尾多裝這道旋轉梯，形成暗格。旁邊的這個小圓腳踏就是電車叮叮腳掣，筆者小時候每次上車都會輕輕踏一下，扮作電車司機。

不要迷戀哥

　　香港第5代電車，除了120號外其實仍有另一輛：海洋公園香港老大街的201號。那是應海洋公園的請求，由香港電車公司特意建造，屬一輛不會走動的模型電車。當然，如果你想親身乘坐120號感受一下當年老香港的風味，要麼請早上去堅尼地城或屈地街電車總站守候，（經驗之談，筆者幾次見到120號，都恰巧在早上8:30/10:00左右於堅尼地城蹓上。）要麼就要等運到──根據電車公司表示，120號沒有特定的班次（但常於堅尼地城至跑馬地之間出勤），遇得上就要考你的運氣。據說昔日落雨時，120號上層會漏水，漏入玻璃燈盤內，變成金魚缸般。筆者也許太年輕，還未見過此奇景。

　　迷戀上它，是一件苦事。若非因第5波疫情筆者被迫留家工作，也不可能幾次遇上。能夠遇上120，都是好運感恩的一天。

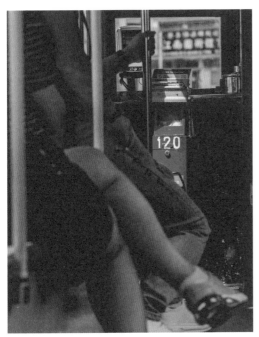

● 記憶中收錢箱倒沒大改變，只是加裝了黃色那部件，連咔嚓的掉幣聲也沒變過。

● 每扇氣窗就是靠這個旋轉扣開關，至少三十年沒變過。

• 120 號上層的座位排法，是 1＋2。現在的電車，卻是 2＋1。座位則採用藤蓆，疏氣又帶點彈性，坐長途都不覺累。不過昔日消毒意識不強，間中會發生小昆蟲從中走出來咬乘客大腿之事。

堅拿道天橋
（1972）

雲東街電車廠

羅素街

波斯富大廈
（1959）

前安隆白米雜貨

● 1977 年的銅鑼灣「霎東街車廠」
（Sharp Street Depot），1989 年
車廠拆卸並原址興建時代廣場。
（相片為鄭寶鴻先生藏品）

第一章 交通之老美

來一趟踏浪之旅

　　現在的「電車路」左右兩邊都是高樓大廈，電車的電纜架都是釘在大路兩旁大廈的外牆。但其實電車營運初期，路軌都是沿港島北海岸鋪設，據香港歷史博物館名譽顧問鄭寶鴻先生指出，1904-1910年期間堅尼地城至上環街市（即現今西港城）大部分路段的「電車路」旁邊就是維多利亞港。但百多年來不停填海的港島北，其海岸線不停北移，「電車路」能夠看海的日子就愈來愈少。如今除了堅尼地城總站前的爹核士街（右頁）至西祥街一段勉強能夠從橫街看到海以外，全段「電車路」已經被吞入成內陸地段。

　　「電車路」見證著港島北海岸線的變遷，由昔日「面迎海風」變成「左右圍城」，無不感慨。但可幸的是它沒有被取代，百多年來在港島北岸優雅地遊走。（2015年曾有一位自稱政府前規劃師薛國強先生向城規會申請取消中環至金鐘段電車，聲稱電車車速太慢導致交通擠塞，公眾及一眾保育人仕向城規會提出反對理據，幸好城規會最終否決其申請。）

● 堅尼地城皇后大道西至總站一段的電車路，均會見到這些T字型的電纜桿，這正好是昔日電車沿海而走的見證（如兩旁均有大廈，電車電纜會拉到路邊大廈外牆作固定。）圖中最左邊的兩條行車線，是90年代填海而得。

也談更替

　　除了電車款式有更替，電車站天花的燈罩也有更替，80 年代至 2022 年初，見到的是日常少見的「欖形」燈罩，配上間距不一的條紋，微弱的黃光徐徐滲出，是夜間街上的一道小風景。2022 年 2 月就發現欖形燈罩，已慢慢由常見的「工業風」燈罩取代，而光源似乎亦改用色溫 4000K 的暖白光 LED 燈（舊光源應是 3200K 的黃光）。

● 電車無論經歷幾多代的變遷，依舊是「四個轆」。從低角度看，就像淑女穿著高跟鞋，在光滑的路軌上輕鬆優雅地起舞。

　　有沒有捨不得？個人而言，少許吧！畢竟看慣了黃光，忽然變成偏白的光，總覺得好像冷冰冰的。而那個常見的「工業風」燈罩，又好像常常在淘 X 網站見到⋯⋯總之，就是不太順眼罷了。

　　電車，雖說只在港島行走，可是，他見證了香港島由西至東的城市發展，是全球現存唯一全數採用雙層車廂的電車系統；它見證了香港保衛戰和日佔時期的苦難；也見證了往後數十年的社會運動和遊行。「電車路」陪伴香港人同喜同悲，一同成長。無論他的車款新或舊、車速快或慢，總之能夠在電車上迎著涼風，偷偷地踏一下車尾的「叮叮」腳踏，已經很滿足了。

　　2020 年 10 月，香港電車由法國 RATP Dev Group 全資擁有及營運，收購後不斷改善車隊及服務；2022 年 5 月申請加價，並指未來應從歷史文化保育及旅遊方面經營。

　　老土的講多次：惋惜前，請珍惜。

天　星　小　輪

　　港島有電車，九龍有天星。在維港兩岸穿梭過百年的天星小輪，在肺炎疫情之下高調地表示公司出現嚴重虧損。回看天星的百年故事，一切都是源自一位來自印度的麵包師傅——Mr. Dorabjee NOWROJEE。1852年，他隻身偷渡來港，到港後就在都爹利先生（Mr. George DUDDELL）的麵包店打工。1858年自立門戶開設餅店，並引入當時外國最流行的蒸汽焗爐焗糕點麵包，生意漸好，就開始涉獵其他生意——1872年在中環租下香港酒店（Hong Kong Hotel）一些房間招待外國遊客，兼做餅店供應餅食——天星小輪，就在這個奇異的營商環境之下誕生。

● 以順流方式讓下船和上船的乘客分開，避免人流混亂，提高運載效率，正是戰後50年代的新思維，一直影響至今。

　　　　第一章　　交通之老美

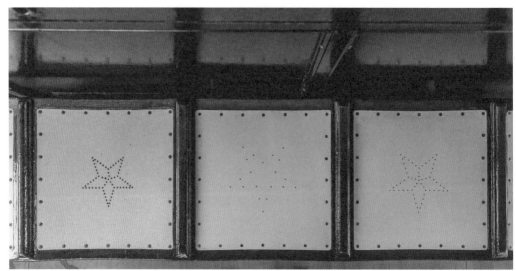

● 幸運的話，有機會在上層遇上「三代同堂」的小星星座椅：
左起順序第 1、2、3 代。

天星初現

　　由於當時維港碼頭太細，未能讓大郵輪泊岸，所以 Mr. Nowrojee 只好出動小輪接載客人返回港島上岸。旅客漸多，Mr. Nowrojee 索性在 1877 年找來當時擁有一艘名為 Morning Star 蒸汽小輪的 Mr. Buxoo 合作——這就是天星小輪的雛型。往後的渡海小輪生意跟「九龍倉」（Kowloon Wharf）密不可分，1898 年他打算退休，順理成章把小輪生意賣給九龍倉並成立天星小輪（The "Star" Ferry Co. Ltd）至今。

　　現時尖沙咀天星碼頭屬第 3 代建築，1957 落成，由工務局的助理建築師陳洪業先生設計。翻查舊聞，當時兩岸的新碼頭是同步興建。設計初期，兩個碼頭基本上是相同的（其實是為了節省時間），但後來英國怡和洋行送來一套早前由比利時王子贈送的機械鐘，於是工務局的總建築師鄔勵德先生（Mr. Michael WRIGHT，勵德邨就是以他命名）負責設計鐘樓。（另一説法是因為尖沙咀已經有九廣鐵路的鐘樓作報時，所以這套笑稱為小笨鐘——它跟倫敦大笨鐘屬同一家鐘錶生產商 Thwaites and Reed 的出品——留在港島這邊較合適）。）

• 天星小輪的「白色」，代表白天；「綠色」代表維港的海水；綠白結合，
象徵天星小輪連結兩者，天海合一。

現代主義的興衰

第 3 代碼頭（1957）由工務局設計，並罕有地採用屬現代主義的摩登流線（streamline moderne）風格（如圓角、圓窗、大量玻璃窗或橫向建築布局），並特意將上層和下層的出入人流分隔，避免混亂，從而增加班次密度。

中環天星碼頭建於當年的中環新填海區之上，規劃時已預留地方興建香港首座多層停車場（1957）、干諾道中行人隧道（1959）、香港大會堂（1962）與及相鄰的第 4 代香港郵政總局（1976），恰巧他們全都是現代主義建築，而這片填海區（即愛丁堡廣場一帶）就成為現代主義集中地，估計在規劃時已有完整的發展藍圖。

干諾道中
行人隧道

中環天星碼頭

中區多層
停車場

相片來源：香港特別行政區地政總署，攝於 1959 年

可惜的是，中環方面的第 4 代香港郵政總局將於 2027 年或之前拆卸，而現稱「大會堂多層停車場」亦在拆卸計劃當中，整個「現代主義集中地」稍後只剩下於 2022 年被列為法定古蹟的香港大會堂，孤獨地望海。

沒有更慘，只有更慘。天星小輪於 2023 年 9 月，以「碼頭已超出其設計壽命」為理由，再度向海濱事務委員會申請，將尖沙咀天星碼頭拆卸重建，構思中的新碼頭會加建一層，設商業街及公眾觀景平台，務求建成更多樓面面積出租，以增加公司的非票務收入，補貼航線虧損。但在截稿前未有進一步消息，碼頭暫時仍然健在。

中環第 3 代天星碼頭早在 2006 年因中環填海工程拆卸，餘下尖沙咀一邊讓大家緬懷一番。從中央大堂拾級而上，便會見到一大片玻璃窗，這除了體現現代主義風格的實用性（採光功能）外，還實踐了當年包浩斯學院校長 Mr. Walter GROPIUS 的理念——跟業界和大眾有交流和聯繫，而玻璃窗可以讓碼頭內外聯繫起來（可是此排優雅的幼框鐵窗於 2022 年已被改為粗框鋁窗，風味不再）。至於候船大堂（即碼頭的盡頭）也配上大量玻璃窗（不妨跟香港其他碼頭的候船區相比一下），如此可以讓乘客在候船期間，透過窗戶跟大海相連，創造出一份登船的期盼（同時也減少等船的焦躁），大大提升乘船的體驗，這就是設計的精妙之處！

另一方面，在尖沙咀碼頭上層下船後的柱廊（見右頁），同樣極具現代主義色彩，呼應著 Mr. Gropius 的理念。乘客離開海面之後，踏進陸地之前，柱廊正好作為乘客轉變環境前的最佳緩衝，這全都是第三代天星碼頭讓人著迷的地方。

● 尖沙咀天星碼頭關前大堂

● 尖沙咀天星碼頭候船大堂

● 下層貼海之餘，其實風景更怡人，畫面更真實。如坐近船尾位置，更可以近距離感受泊船時大纜拉緊那份迫人的「張力」，相當刺激。

為「下層」平反

大多數人乘坐天星小輪時，都很本能地走到碼頭的中央大堂，然後行樓梯直上入閘——昔日戰前，上層視為頭等艙，是衣冠整齊、打好領帶的洋人才可以進入。平民和「咕喱」等人就到下層「三等層」坐船。1957年第三代碼頭建成前，所有天星小輪的下層，均沒有安裝跳板，三等層乘客就直接從船邊跳上碼頭登岸（相等於現時在公眾碼頭登船一樣）。新碼頭的上落客概念頓時來個大改變——上層和下層人流以獨立通道分開，確保暢通；為求統一、對等，下層乘客登岸／登船都跟上層一樣用上跳板。如此一來，當時服役六艘的小輪都要在下層加裝跳板，迎接新碼頭。

上層的舒適度，的確比下層優勝；不過以「風味」來相比，下層比上層來得「更貼海」！同樣的航程，下層船費更便宜；下層昏黃的燈光，比上層白光來得溫暖；下層迎來的，是新鮮拍著船邊的維港「鹹香」海風。如果你不介意間中會嗅到機房傳來的柴油氣味；如果你不介意船隻泊岸時那條大麻纜發出「啪咧啪咧」的聲音；若你不介意間中被維港的浪花濺濕，筆者推薦你黃昏時候來一趟「下層之旅」。

　第一章　交通之老美

　　「自古以來」，天星小輪都是以載客為主。除創辦初期運貨兼載人，及後被九龍倉收購之後，就主力載客橫渡維港，往來中環至尖沙咀。除了這條古老航線以外，天星在1988年開辦了「尖沙咀至灣仔」的航線，客量對比「尖沙咀至中環」航線的確少了一大截，但作為一條港內航線，客量已算不俗。自從2007年灣仔填海工程導致灣仔碼頭進一步遷離灣仔核心區，天星小輪已好幾次預言此線實屬「吊命之狀

態」；另外於 1999 年天星接辦本由「油麻地小輪」營辦的「紅磡至中環」航線和「紅磡至灣仔」航線，但因長期客量不足，導致虧損，於 2011 年同時停辦兩線。

　　綜觀天星百年的航運歷史，都似乎默默地在維港兩岸之間來來往往，不過，在香港最苦難的 1941 年，它卻充當拯救萬民的角色，把寶貴物資由九龍運回港島——要說的就是香港二戰時期「香港保衛戰」中九龍大撤退時的「英勇」事蹟。

　　　　第一章　交通之老美

香港保衛戰之「小輪也作戰」

　　天星小輪可謂跟香港同喜同悲，除見證了維港無數颱風巨浪外，還參與過香港保衛戰中的撤退救援行動！香港時間 1941 年 12 月 8 日凌晨 1:55，日軍向珍珠港進行偷襲，正式宣戰。早上 5:50 就派出戰機準備轟炸香港的啟德機場，為期 18 天的香港保衛戰正式展開。

　　香港守軍負隅頑抗，但無論在兵力或經驗上都比不上日軍，守軍在新界和九龍之間設立的「醉酒灣防線」（Gindrinkers Line）被日軍攻破後，駐港英軍司令莫德庇少將（Major General Christopher M. MALTBY）在 12 月 11 日中午決定全軍撤離九龍（左翼由深水埗撤退，中部及右翼由三家村撤退），退守港島（行動代號：Operation W/M）。

　　天星小輪其實早在 12 月 8 日，得悉日軍偷襲珍珠港後做好預備，當天立即在中環雪廠街碼頭前方放沉「電星」和「北星」兩艘小輪，以免船隊落入日軍手上，分散風險。餘下的 4 艘小輪（金星、午星、日星和夜星）則由英軍接手操作，將物資、軍人家眷及要員從九龍撤回港島。12 月 11 日清晨 5:30，九龍及新界警隊的家眷乘坐天星小輪撤離九龍。（當年的油麻地小輪亦被軍方徵用於撤走軍用物資及人員。）

　　12 月 12 日凌晨，從醉酒灣防線撤退的第十四「旁遮普團」第二營（2/14 Punjabs），其中由 Lt. Nigel FORSYTH 帶領的小隊在往魔鬼山撤退的途中迷路，誤進九龍城／啟德一帶，幸好路上巧遇香港義勇防衛軍（Hong Kong Volunteer Defence Corps, HKVDC）的士兵 Private B.A. GELLMAN 帶路前往尖沙咀轉乘天星小輪撤退。日軍當天早上已攻至尖沙咀外圍，開始搶掠和沿途強姦婦女。而約 300 人的「旁遮普團」及一眾散落在尖沙咀和佐敦一帶的守軍，就集中在尖沙咀鐘樓／九龍倉（即現今星光行）跟日軍的敵偽便衣隊和九龍爛仔駁火，奮力掩護準備登上天星小輪的民眾。

　　根據天星小輪的官方記錄，最後一班由尖沙咀碼頭開出的小輪為 12 日早上 10 時。在「最後小輪」的前一班撤退小輪上，載著天星小輪的資深工程監督 Mr. David

• 1941 年 12 月 12 日，日軍攻至尖沙咀天星碼頭，準備撤退的香港守軍就在鐘樓前跟日軍敵偽便衣隊和九龍爛仔駁火，同時掩護正在登上天星小輪避退港島的民眾。（相片來源：維基百科）註：此相片據悉是日軍後來派人擺拍，並非當日實時戰事照片。

MACKENZIE、剛從九龍撤退的水警沙展 Mr. Ralph WHEELER 和探長 Mr. Louis WHANT 等人，他們擔心九龍方面仍有人員或民眾走避不及，故決定原船折返尖沙咀天星碼頭。同船的另外 5 位市民亦決定隨他們回航救人，其中包括兩位女護士 Mrs. Jessie MacDonald HOLLAND 及 Mrs. SANDO。

最 後 小 輪

這班最後小輪準備泊回尖沙咀岸邊時，已見到 Lt. Nigel FORSYTH 及約 50 人的印度守軍及英軍仍在碼頭一帶跟日軍火拼。一位美籍港大教授憶述當時登上最後小輪的混亂：「每人只准帶一件行李上船，我一邊排隊，一邊揮動著我的美國護照預備登船；站在我前面的一位中國男子，拿著一個又大又重的箱子，轉眼間被日軍的流彈擊中倒地。」另一位最後小輪的乘客 Mrs. BRIGGS 憶述船上的人都十分惶恐：「日軍不停從岸上向我們的小輪掃射！」剛登船的守軍們就從船尾開槍回擊岸上的日軍。雙方在海上駁火之際，隨船營救民眾的女護士 Mrs. Jessie HOLLAND 不幸腹部中槍，當日下午 1:15 送到瑪麗醫院時已回天乏術，船上的另一位民眾 Mr. Ralph PONTING 的頭部亦受輕傷。從薩空了先生在《香港淪陷日記》中記載著，當時許多民眾聚集在干諾道海邊親眼看見這一幕，而天星小輪亦由此停航。

● 1966年3月尖沙咀舊照，海運大廈剛完成，同年6月入伙，當時的星光行（前身為九龍倉）仍在興建中。至於五枝旗桿就已經安裝好。右下角為香港九廣鐵路（英段）九龍總站，1916年啟用，時至1975年拆卸，只餘下鐘樓至今。（相片為鄭寶鴻先生藏品）

海運大廈
(1966)

尖沙咀天星碼頭
(1957)

五支旗桿

星光行
（1969，前身為九龍倉貨倉）

廣東道

九廣鐵路九龍總站
（1916）

　　香港淪陷後，日軍打撈及修理早前被放沉的兩艘天星小輪，並強佔全隊六艘小輪作運貨之用，其中「金星」和「午星」更被用作運載戰俘由深水埗往啟德機場；可憐的「金星」更被日軍改裝成運貨船，1943 年駛往廣東省虎門附近水域時，誤撞美軍早前放下的水雷而被炸沉（戰後被打撈重修，1948 年 1 月才在香港重新服役）。

　　重光後的 1946 年 2 月 1 日（農曆年三十），天星小輪才正式復航。

中電老闆勇救老父

　　這班「最後小輪」除了載著守軍和一般民眾外，原來還有一位知名人士、貢獻香港良多的大人物：艾利 • 嘉道理爵士（Sir Elly KADOORIE）。

　　從一篇 1989 年羅蘭士 • 嘉道理勳爵[#]的戰後回憶訪問中，他憶述九龍大撤退時的經歷非常驚險。1941 年 12 月 11 日中午香港守軍決定撤離九龍，港英政府的防衛司（Defense Secretary）口頭上通知時任中華電力主席的羅蘭士 • 嘉道理先生盡快炸毀紅磡鶴園發電廠，以免落入日軍手中！他當時表示必需要有官方文件和足夠的渡海特許證把中電員工帶返港島，他才會執行命令（12 月 8 日政府已實施渡海管制，凡從九龍渡海往港島的人士必需到尖沙咀「西人青年會——YMCA」登記）。多番爭論後仍未取得共識，但此時防衛司的秘書小姐（他的哥哥也是中電員工）偷偷地將一大疊未填名的渡海特許證交予羅蘭士 • 嘉道理先生「自行簽發」——結果

他在 12 月 12 日清早[*]趕乘最後一班由中環往尖沙咀的天星小輪，執行命令之餘亦展開搜救中電員工大行動。

上岸後，他見到尖沙咀天星碼頭混亂非常，大量巴士和車輛被棄置。二話不說就駛走一輛被棄置的巴士往亞皆老街中電總部。到埗後他命員工拿著渡海特許證盡快渡海避難，某些員工離去前不忍寵物小狗留下捱餓，索性忍痛一槍轟斃牠們（總部及後被日軍佔領為指揮中心）。羅蘭士 • 嘉道理先生駛往紅磡鶴園發電廠前，找來一位中電工程師，請他前往半島酒店接走他父親艾利 • 嘉道理爵士，最終他憑兒子「簽發」的渡海特許證趕上前頁提過的「最後小輪」。

這輛搜救巴士途經喇沙書院（當時為臨時軍方醫院），順道接走五位惶惑的女護士，在紅磡鶴園發電廠安排好事情後，旋即駛往尖沙咀天星碼頭打算登船，誰不知「最後小輪」已經開走。在混亂的碼頭廣場前，羅蘭士 • 嘉道理先生又巧遇一位中電的會計部同事、三位不知就裡的美籍水手，和一位抱著嬰兒的媽媽。情急之下，羅蘭士 • 嘉道理先生就帶著大夥兒駛往旁邊的「九龍倉」碼頭，並找到一艘蒸汽小船，然後冒著日軍的炮火成功渡海返回中環「油麻地小輪碼頭」（現 IFC 一期位置）。

\# Lord Lawrence Kadoorie——艾利 • 嘉道理爵士的兒子，1981 年獲封嘉道理勳爵
* 回憶錄未指明確實日期，但從內文發展及其經歷對比史實，坐小輪返回九龍的日子應為 12 月 12 日。

留下來傳下去

承傳香港軍事歷史

WATERSHED
HONG KONG

網頁：www.watershedhk.com
FB：WatershedHK
IG：hkwatershed

　　Watershed Hong Kong 是香港民間組織，致力探討本港歷史分水嶺，推動公民義務、普及香港故事和軍事歷史，以傳承精神。其中一個重點項目是 1941 年香港保衛戰，舉辦活動包括導賞團、義工服務、二戰重演活動、電影顧問及校園展覽等等。

　　老實説，香港淪陷至 1945 年重光之後，大家都沒有太多戰爭的經歷，甚至取笑老一輩常常將「三年零八個月」、「打蘿蔔頭」的故事掛在口邊，覺得軍事歷史或故事相當老土；但其實，歷史不停重演之時，多了解這些戰事的起端和結束原因，或多或少都可以在日常生活中得到反思。然而，組織背後的「講故佬」，竟是一位年青人——葉坤杰先生（Taurus）。

　　從 Watershed HK 的網誌中，除了香港保衛戰的故事之外，還有許多世界各地的軍事歷史故事——一戰、二戰、越戰及世界各地的戰事回顧。對於我們這一代香港人，戰爭，似乎是一件相當遙遠的事，不過喜歡軍事故事的人原來還不少。

演活最後小輪一幕

　　前文提過天星小輪，在 1941 年 12 月 12 日早上 10 時，在日軍迫近碼頭時，開出「最後小輪」往港島，船上正是載著當年的守軍，從九龍撤回港島繼續作戰。正所謂「講多無謂，行動最實際」，Watershed HK 就在 2016 年於尖沙咀天星碼頭，重演這幕「大撤退」，希望借機會讓大眾重新認識這段守護家園的歷史。

　　「鐘樓與天星碼頭除了是港人耳熟能詳的地標，亦曾是二戰守軍撤回港島的一站。受英國民間紀念索姆河戰役一百周年的重演活動啟發，2016 年 12 月我們就在尖沙咀鐘樓下舉辦了 The Living Monuments 活動，紀念香港保衛戰。參加的朋友全是歷史愛好者，甚至是昔日守軍的後代子孫，自費購置服飾參與。」Taurus 憶述這個活動的始末。

● 一班「守軍」模擬當年乘天星小輪撤回港島防衛的一幕。

●「守軍」向公眾介紹香港保衛戰的故事。

軍事遺蹟導賞

　　除了寫網誌和出版了暢銷書《香港保衛戰紀 ─ 18 個需要記住的香港故事》，Watershed 還曾舉辦了軍事遺蹟導賞，推廣香港軍事歷史，有興趣的朋友不妨留意網誌的消息。

● 現時服役的「夜星」屬第 2 代，建於 1963 年。第 1 代的元祖「夜星」
曾經在香港保衛戰九龍大撤退的行動中，肩負起乘載民眾避退港島的重任。
日佔時期被日軍強佔，重光後被發現擱淺在油麻地避風塘，打撈重修後繼續
服役至 1958 年，退役後被轉售及改裝成運貨駁船。

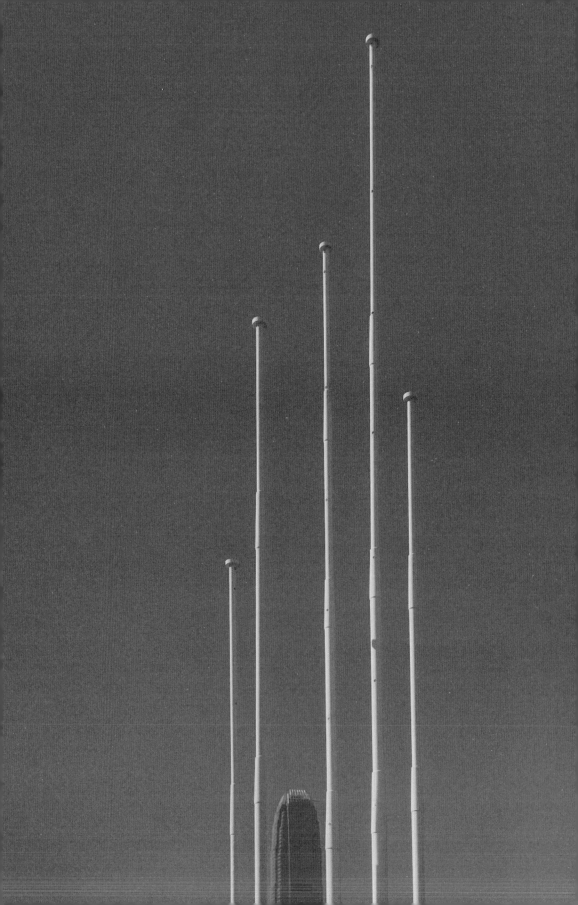

相約在五支旗桿

　　天星小輪百年來，身經百戰，無論是荷槍實彈，還是橫風暴雨，都屹立不倒。尖沙咀碼頭前方的五支旗桿，更是見證了無數經典時刻——在手提電話未流行之時，朋友情侶都在這裡相約，不見不散。除此之外，1966 年九龍暴動、2009 年新聞報道員以「MJ 腳」報道「莫拉菲」風暴消息、2019 年社會運動、2021 年鏡粉們輪流跟大型燈箱中的偶像合照等等⋯⋯

　　「呢 5 支旗桿係我 1965 年負責燒焊架！」燒焊師傅黎文先生在一篇訪問中憶述安裝當日的趣事：「最初客人（海運大廈）要鑄造 10 支旗桿，其中 5 支就安裝在尖沙咀碼頭前，不過當旗桿送到現場時卻是彎的（焊接位做得不好），本來現場的工程人員想用機器把旗桿拉直，但工程繁複，我於是臨場提議在焊接口先加熱，再推直，結果就順利豎起。」

　　1997 年前，五支旗桿掛著：英國旗、香港旗、九倉旗、天星旗、海港城旗；回歸後至約 2017 年就改掛：九倉旗、海港城旗、九倉電訊旗、香港有線電視旗及天星小輪旗。及至九倉電訊與有線賣盤後，則換上中華人民共和國國旗和香港特區區旗；時至 2019 年社會運動期間，中華人民共和國國旗兩度被人扯下後，至今（2023 年）未有掛上任何旗幟。

• 這裡曾拍過許多令人印象深刻的廣告，包括「撒瑪利亞會」1995年的防止自殺宣傳廣告，及張國榮先生1986年的《Stand Up》MV！

行 人 天 橋 系 統

　　香港第一條行人隧道建於 1959 年，連接干諾道中至第三代中環天星碼頭；翻查歷史，其實當年政府本想起一條行人天橋，最終不知何故改建為「隧道」。建行人天橋，目的就是將人車分隔；正式統計的話，第一條行人天橋建於 1963 年，即聖保祿學校對出橫跨禮頓道至伊榮街的行人天橋，現稱「奧運橋」。不過要認祖歸宗的話，就要計 1921 年建於山頂的盧吉道，因其中一段是繞過山谷的架空棧道喔！

　　行人天橋，雖說簡單，但細心觀察，原來也有美學在內。

● 禮頓道行人天橋 HF27（2002 年 6 月美化為「奧運橋」），建於 1963 年，是香港首座分層行人天橋。

設計：香港工務局（Public Works Department）

• 天橋右後方的「海濱匯」，乃昔日房委會的「九龍灣工廠大廈」舊址。

• 天橋橋身落地位刻意用麻石砌基座，以80年代凡事講求效率的風格，十分不尋常。

偉業街行人天橋
(KF 38)
——向地鐵致敬

一說「志明橋」大家就知這道天橋出名的原因——很多朋友除了愛打卡外，還常常危坐橋邊，弄得好幾次途人以為有人「企跳」而召喚消防救人。

天橋於 1983 年建成，本屬 1978 年 的「KH2(4): Airport Tunnel Road-Kowloon Bay Reclaimation to Kwun Tong Road Stage II—分層道路交匯處及附屬工程計劃」。依當年的建築風格該是「簡單就是好」，偏偏造了一條極具幾何美學搭配地鐵概念的行人天橋。

● 橋內的設計，跟港鐵車廂出奇地有
點相似！天橋窗邊則刻意以另一道圓
角收邊，樓梯兩端的陰角亦以斜邊潤
飾，肯定是建築師的「心機位」。

　　工程屬當年啟德機場道路計劃的其中一項，從工程圖則及會議記錄見到，偉業街行人天橋刻意地配置斜路，文件雖沒有明示，但顯然是方便偉業街南邊，1975年入伙、香港房屋委員會成立後的首個工廠大廈——九龍灣工廠大廈（Kowloon Bay Factory Estate，2010年拆卸，現改建為海濱匯）的租戶們推著手推車，橫跨6線行車大路運貨之用。從零碎的工程記錄中，有提及相鄰的地下鐵路觀塘線工程竣工日期。有趣地，行人天橋的外形及內櫳，跟遙望的港鐵觀塘架空路段上的列車極為相似。筆者大膽推敲，建築師是向當年的地下鐵路列車「致敬」！

設計：P&T Group（前稱 Palmer and Turner Hong Kong）

花園道至美利道
行人天橋 (HF 50)
——螺旋之延伸

　　其實香港也有另外幾道螺旋樓梯，這條現代主義風格行人天橋（1973 年刊憲，78 年建成）配上一組多層橫向的簡約直線作為扶手，其特別之處在於它是一道「中空」的螺旋梯——只用一小幼柱做支撐，力學上的計算相當巧妙。在花園道尾本有另一道相同的螺旋樓梯下接金鐘道，呈「雙龍出海」之勢，但當年的希爾頓酒店改建成現今的長江集團中心之時，其相連的螺旋梯卻「慘遭毒手」拆去。

　　感謝路政署相告天橋由 P&T Group 設計，但很可惜 P&T Group 本身的檔案庫並沒有額外的建築記錄。可是，他們的古蹟保育小組卻努力翻查與天橋接連的希爾頓酒店（剛好也是集團的作品，建於 1961 年），看看有沒有其他歷史線索——最終發現希爾頓酒店大堂內有一道跟花園道行人天橋相似的螺旋梯。

因此一事，P&T Group 特意訪問了希爾頓酒店的建築師木下一先生（Mr. James Hajime KINOSHITA），他表示酒店內的螺旋梯當年只是「純粹出於美學角度」而建造，至於花園道行人天橋螺旋梯嘛⋯⋯他則沒有參與設計。也許這是我們一廂情願的推敲：會否是當年花園道行人天橋（1978 年）的設計師，希望將木下一先生的螺旋梯概念「延伸」至戶外，互相呼應？

不妨從左頁 1980 年舊相回顧一下，相中右方見已遷往赤柱的美利樓，後方搭棚大廈為著名建築師甘銘先生（Mr. Eric CUMINE）設計，1981 年入伙的「統一中心」；左方螺旋梯後方則連接 2018 年拆卸的「美利道停車場」（感謝 P&T Group 提供相片）。

一幅相，見盡時代變遷。

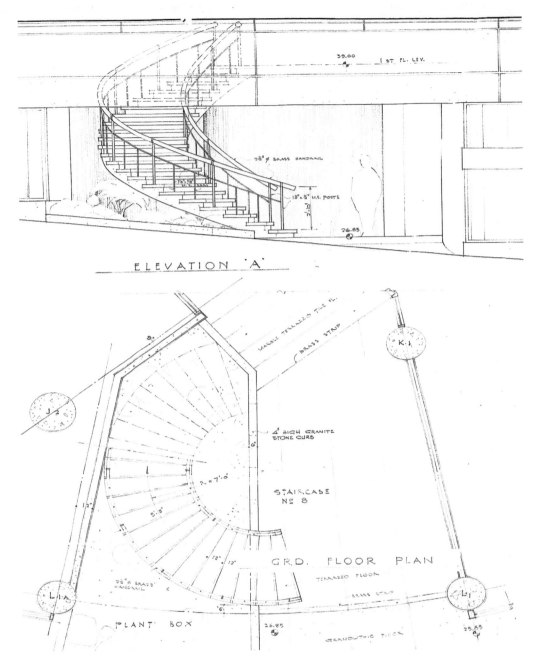

ELEVATION 'A'

GRD. FLOOR PLAN

● 希爾頓酒店地面大堂至一樓的螺旋梯，其欄杆及梯級設計跟花園道螺旋梯有幾分相似。至於花園道螺旋梯是否此梯的「概念延伸」或「向建築名師致敬」，請大家自行判斷了。圖則來源：P&T Group

　　無論如何，這條花園道螺旋梯是許多攝影發燒友、電影和廣告的取景勝地，從美學、實用性或佔地範圍都是公共建築中上佳的作品。可惜的是因為「誠哥中心」的興建而把另一條螺旋梯和整段依附著花園道行車天橋的行人道都改造（右頁作品攝於 1998 年），這一點，思考良久都是想不通的。

63   第一章　交通之老美

設計：P&T Group（前稱 Palmer and Turner Hong Kong）

己連拿利 (H 108)
——以民為本

● 今次行人天橋納入了行車天橋系統內，故只有一個編號——H，代表 Hong Kong Island。

　　己連拿利這個路名真正「蹺口」，除此之外，還是香港幾個少數沒有英文後綴，僅以英文單字 Glenealy 作為路名的地方。這裡舊稱為「鐵崗」（昔日干德道有一大型鐵水缸），後來港英政府的中文師爺就為此路改名為「忌連拿利」。1985 年 7 月，一位在己連拿利 1 號商廈營業的商戶，去信政府建議將「忌」改成「己」，意指「忌」在中文上有不祥的意思，希望政府考慮。同年 11 月，政府商討之後竟接納其建議，此後正式改名為「己」連拿利！行政效率之快，與及虛心接納民意，實在罕見！

己連拿利天橋是 1977 年政府改善中環半山區交通計劃的其中一項，目的是讓半山干德道一帶的居民出入有多一條通路。整個項目支出約二千五百萬港元，在陡峭的山谷之間建成三條行車天橋和兩條有蓋行人天橋，以兩年時間完工，實不簡單。建築師善用其「高架橋」的先天優勢，將行人天橋巧妙地設計在行車天橋之下，有上蓋遮風擋雨之餘，亦不用另建支柱，不用與高速行駛中的行車相鄰，既安全，又可以慢步欣賞林中景色，相得益彰。1979 年竣工之時，政府更派出立法局非官守議員鄧蓮如女士主持開幕儀式。

　　千禧後的朋友，可能不太認識鄧蓮如女男爵（Baroness Lydia Dunn）——她曾任行政及立法兩局首席非官守議員，89 年獲授 DBE 勳銜，成為歷史上首位取得英國爵級勳銜的華人女性；90 年獲冊封為女男爵，成為首位取得英國終身貴族身份的華人，其封邑為香港香港島，和切爾西與肯辛頓皇家自治鎮之騎士橋地區。她更曾任匯控副主席，現為英國太古集團執行董事。

• 紀念碑上的古文「爰(音援)泐(音勒)貞珉」，意解「把盛事刻在玉一般的美石上」。

• 站在天橋西端，近干德道出口回望，在這個陡峭的山谷要建一條如此又高又長的天橋，實不容易，先要克服地基問題，二要收回部分私人住宅地皮（曾傳聞因此而要收樓，但實情是收回大廈旁的一小幅地），困難相當大。

設 計：香 港 工 務 局（Public Works
Department）

● 春霧之時，整段盧吉道都濕透，相信這些觀景用的石椅，此時此刻大家都不會坐上去的。

盧吉道 (HF 33)
——仙橋霧鎖

不說不知，盧吉道除了以香港第 14 任港督（1907-1912）盧吉男爵（The Lord LUGARD）命名之外，其中一段路更是環山的架空棧道，故嚴格來說也就是一條行人天橋。這條路始於 1913 年，翻查 1914、1915 及 1919 年的工務局年報得知，當年還未以盧吉命名，而是「road from Victoria Gap to High West Gap」，興建的原因竟是為了「觀賞山下維港美景」。1915 年命名，1919 年動工，1921 年全段完工。

由於太平山頂山壁陡峭，中間的路段不能純粹建擋土牆開山路，故此要以「棧道」的方式去跨過其中幾個山谷。工務局的報告中曾指出，第二期工程極為艱鉅，因為當中涉及移走大石，亦要樹立以鋼筋混凝土建成的橋柱，共 87 條。

昔日太平山的植被還沒有長得太茂盛，橋柱顯然而見。如今就要花點眼力，才可以找到這 87 條近百年的老橋柱。

　　　第一章　交通之老美

● 1 9 2 1 年 左 右 ， 接 近 完 工 時 的 工 程
照 ， 可 見 橋 柱 安 裝 的 難 度 。 如 今 山 坡
長 了 許 多 樹 ， 都 把 橋 柱 遮 蔽 了 。
相 片 來 源 ： Gwulo.com
Photo courtesy of Ms Barbara Parks

　　二戰前，山頂一直是禁止華人居住的地方。一般平常百姓，除非工作，都甚少
會上山頂看這道「香江八景」之一的「仙橋霧鎖」！筆者為了要讓「仙橋霧鎖」重
現於讀者眼前，就刻意等到春天濃霧深鎖之時才登頂拍照，結果有幸遇上濃濃春霧，
親身感受一下「仙橋霧鎖」之美——其實，就是白曚曚一片，迷糊得連方向都攪不
清的狀態。

　　太平山山頂是港島的最高點（552米），春天多數時間都在濕潤的霧氣之中，
結果山頂的植物也就長時間生長在水氣充足的環境之中，久而久之就形成了茂盛的
樹林，見右頁介紹至今約七十多歲，高近28米，屬香港古樹名冊內之古木的印度橡
樹（Ficus elastica）就是個好例子。

　　盧吉道建成之時，沒有預計到會有汽車前來。雖說有幾幢大宅建於盧吉道之上，
但道路極之陝窄（路闊8英呎），各業主也甚少駕車出入（棧道路段是不准行車的）。
各位車主和的士大哥，如不想登上報紙港聞版當主角或成為網上社交平台「年度笑
片」的主角，不要傻乎乎駕車入盧吉道——這是徒步觀光和跑步用的棧道喔！

第一章　交通之老美

○ 半島酒店對出彌敦道和梳士巴利道交界，就是當年首批試裝「草理孫燈

莫理遜燈號

　　大家每天在街上看到這個燈箱，記憶中是叫安全島燈，但原來他的正名是「莫理遜燈號」——工務司署於 1973 年由英國引入，其名稱應是表彰 1964 年首批升任至總警司（Chief Superintendent of Police）之一的莫理遜先生（Mr. Alexander MORRISON）。燈號的功用就是要指示車輛避免選錯對頭的行車線，以減少交通意外；有趣的是，1960 年 12 月 14 日時任高級交通警司的莫理遜先生在穿著警官制服時，駕駛一輛電單車在灣仔街市對出撞倒一名過路老婦，被票控不小心駕駛，但最後因現場證供不符實而被判無罪。

● 路政署於 2016 年開始改用自動反彈「反光安全島標柱」，晚上需要被車頭燈照射到才會反光至司機視線上，並不如燈號般會自動發光。

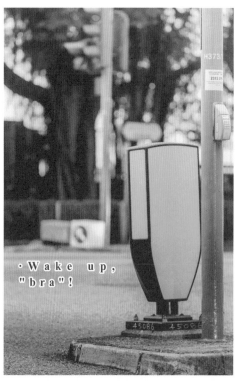

·Wake up, "bra"!

昔日舊款的安全島燈是用文字指示司機靠左行。如今這個頭大身細又會發光的小傢伙，是用箭咀符號做指示。英國原版是筆直的，但香港工務司署就將他稍稍改良，變成如今頭大身細的模樣。其中首批試裝試用的地方，就是半島酒店對出彌敦道和梳士巴利道交界——一用就用了近 50 年。

正所謂「再鋒利既刀都有生銹既一日」，這個發光小傢伙，近年經常被車輛輾過或撞倒。根據審計署的報告得知，每個莫理遜燈號價值約 $1,000。再加上每日耗電，小數怕長計，於是路政署在

2016 年開始以「反光安全島標柱」，在適當的位置替換及取代莫理遜燈號。從規格上得知，「反光安全島標柱」即使被車速達 70km/h 的車輛撞倒，都可以自動反彈而不受損。聽起來好像很合符經濟效益，不過根據一些駕車朋友反映，各車頭有高低，若車頭燈射不準反光板，其實有時候真的看不清楚。

這傢伙陪伴香港人渡過無數個風雨夜，見證過許多動盪和人潮，仍屹立不倒。在黑夜之中，為各道路使用者點一口明燈，指引路向。如今卻在無聲無息之下，漸被淘汰取代，實在有點兒那個。不過，近日從社交媒體的關注組所見，即使有莫理遜燈號被撞爛，署方似乎又不一定用「反光安全島標柱」立即取代；如今政策可有改動？這個就不曉得了。

如果你是司機，請好好愛惜這位年近 50、「容易受傷的傢伙」。

話說早前有熱心網友特意去信路政署查詢，署方回覆會在「適合位置」將燈號換置為「反光安全島標柱」，並不時檢討。

卑　利　沙　燈

　　這個可愛又會「閃閃吓」的黃波波，大家俗稱為「黃波燈」，在繁盛的街頭並不會見到它的蹤影；相反，去到大型屋苑如太古城，或者公共屋邨內的小街，或車流不多但持續有零星人流的街頭巷尾，就會見到它——卑利沙燈！

　　未引進卑利沙燈前，政府於 1952-55 年間以畫上紳士腳的「行人　沿此步過」路牌做提示（見下圖）。原版是寫「沿步路過」，三天後發覺文法不通而改為「沿此步過」。1955 年 3 月更索性刪去紳士腳，光寫「沿此路過　CROSS HERE」。

　　如今日常見到的卑利沙燈（Belisha Beacon）源自英國，高約七英尺，於 1934 年由英國當時的交通大臣（Minister of Transport）卑利沙先生（Mr. Leslie HORE-BELISHA，1954 年獲封勳爵）發明。

相片來源：香港特別行政區地政總署。

● 東滙邨樂善道這組卑利沙燈，其中一個放在斑馬線的正中央，甚為有趣。

● 九龍塘志士達道這組燈，可能是全港相距最近的其中一組，也可能是全港最少人過路的斑馬線。

　　卑利沙先生上任後不久，一次過馬路時差點被一輛高速駛過的跑車撞倒，所以他就決心整頓交通規則。

　　上任後即年提出 Road Traffic Act 及修改 The Highway Code，並推出「卑利沙燈」且率先在倫敦試用，目的是透過教育令司機見到該閃動燈號時停車，讓行人優先過馬路，以減少交通意外（1934 年的報道指出，遠至 1/4 英里外的司機都可清楚見到閃動中的黃波波，故有足夠時間讓司機減速做停車準備）。

　　至於卑利沙燈何時引進香港？官方似乎沒有記載。但回看 1957 年 4 月的報紙報道，當年政府開辦了一個交通展覽會，會上介紹各種即將設置的新款交通設施，當中已提及在斑馬線兩端安裝「Belisha Beacon 黃色閃光燈」。不過近年已甚少見到新安裝的卑利沙燈，而舊有的燈往往因老化而變得暗淡，希望他不會步「莫理遜燈號」後塵被替代或移除吧！

地下鐵路雷達鐘

　　來到火箭都可以回收的年代，相信大家要看時間的話，大多數都是拿出手機或智能手錶來查看。不過，在 80 年代的香港，手錶還不算很普及的年代，在公共地方要查看時間，許多時候就要看錶舖外的吊鐘；昔日站在「地下鐵路」月台候車，就會抬頭望望這個銀色鐵盒樣子的雷達吊鐘——經過四十多年的「24/7」勤勞，他們終於要退休了。

　　這個雷達吊鐘其實是香港「地下鐵路」開通前，由雷達錶的香港代理於 1978 年 10 月送贈（第一代是圓形）。表面上看似一個普通時鐘，但其實背後是一套相當前衛和高科技的精準時計報時系統——「銫頻率計時器」（Caesium Atomic Clock，當時價值港幣 350 萬），透過極穩定的銫原子的振盪頻率（每秒 91 億 9263 萬 1777 次）計算，然後由安裝在九龍灣地鐵行政大廈的母機，同步控制全線月台及大堂約 700 個的「隨動子鐘」，分秒不差。

● 地下鐵路 1979 年開通初期，第一代的雷達吊鐘是圓型白底黑字的。相片來源：網上圖片

● 港鐵東鐵線的瑞士 MOBATIME 吊鐘，已於 2022 年 3 月跟 RADO 鐘同樣陸續被移除。

　　雷達表（RADO）是一個瑞士鐘錶品牌，在 50 年代由太平洋行引入香港。最初的中文名譯做「麗都」，以當時在港流行的國語發音，尤如「利刀」，不甚吉利，及後由香港第一代鐘錶大王孫秉樞先生接手做推廣，他洞悉當時的電子科技熱潮，就索性選用差不多同音的雷達（radar）作為品牌譯名，更自創宣傳口號「一雷天下響、發達無限量」，既吉利又好意頭，結果成功在香港建立品牌。

　　至於現時港鐵的雷達吊鐘，經公關部門證實，「因品牌與港鐵的合約已經完結，該公司已不再提供維修服務，所以由 2021 年開始清拆已損壞的吊鐘。」隨後港鐵陸續以 LED 屏幕代替，顯示多項乘客資訊。金鐘站及黃大仙站月台的吊鐘已於 2022 年初全部拆除。雷達吊鐘，感謝您與香港人同行 43 年！

冰室樓上雅座

　　50-60年代，香港人口膨漲，又適逢當時冷氣仍未普及，普遍地舖為了通風和建造閣樓作儲物用途，樓底通常都做到接近17-20呎左右，差不多相等於兩層樓的高度。為了地盡其用，有餐廳東主發明了加建閣樓，作儲物之餘，又可增加座位——是為「樓上雅座」！一登閣樓，居高臨下；二來可自成一角聊天（或蛇王／吞pok），漸漸成為茶餐廳／冰室不成文規定的「靚位」。

　　根據香港歷史博物館名譽顧問鄭寶鴻先生指出，50年代香港的茶樓已經出現樓上貴過樓下的情況：「樓下茶錢收一毫，樓上則因其隱密性高，不受街況打擾，故收兩毫至兩毫半，故當時有句俗語『**有錢樓上樓，無錢地下踎。**』所以茶餐廳／冰室開設「樓上雅座」也許想營造這種優越感（或是隱沒於世的氣氛）吧！

　　時移勢易，許多茶餐廳／冰室都抵不住時代的洪流，或後繼無人而結業，擁有店內可以俯視地面的「樓上雅座」的餐廳或冰室更是買少見少；再加上建築條例、食物衛生條例和消防條例漸漸為了加強安全而收緊規定，基本上新開業的食肆都不能在閣樓提供座位予食客（即使是『入則閣』或『自建閣』均不能成功出牌）——「樓上雅座」將成為歷史。據統計，現存擁有「店內可俯視閣樓雅座」的茶餐廳只餘3間。

● 堅尼地城祥香茶餐廳（1967）本有一個可俯視閣樓雅座，但已於2022年結業。

● 70 年代常見的回字紋，在閣樓四處可見。而卡位頂的波浪紋冷氣槽，也
是那個年代的標誌。天花頂的大吊燈，離地近 18 呎，要是壞了燈泡要更換，
實在是一大煩事。

● 曾聞每當小混混到茶餐廳用餐，多數會選近後門的座位，以便隨時避開仇家；門前的第一張枱呢？當然是留給熟客啦！

● 這套 70 年代盛極一時、家家戶戶都喜歡放一套的「福祿壽」瓷像，如今已甚少見到。（筆者老家現仍有一套喔！）

鴻運冰廳餅店（70 年代）

出名的原因，除了因周星馳的電影《行運一條龍》曾在這裡取景外，就是它的懷舊裝修和俯視眾生的「縮則版樓上雅座」。餐廳格局似乎多年來都沒變，一派 70 年代的回字紋和木製卡位、牆身的木紋防火膠板，配上那個年代大眾至愛的一套三件「福祿壽」，整個老香港的環境和氣氛頓時湧現。最值得坐的位置，就是「樓上雅座」靠近樓梯的一排座位。因閣樓「縮則」縮得頗深，接近 15 呎；這個位置可以俯視店前客人的動態、收銀員的忙碌和舖外賣麵包糕點的熱鬧──那是一種「大地在我腳下」的優越感。食物嘛……筆者沒提沒影，就不要問了。

2023 年 3 月，冰廳的廚房油鑊搶火，閣樓慘遭祝融光臨，部份舊式木造裝飾如「回字紋」裝飾已燒毀，裝修後又換上白光 LED 光管，懷舊氣氛大不如前。

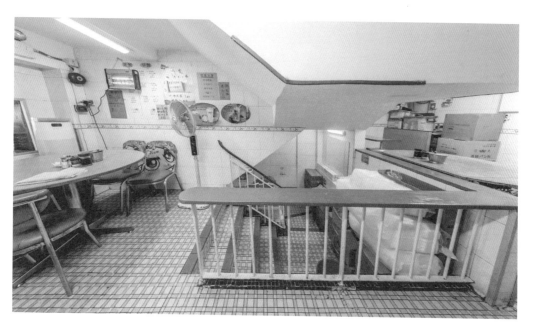

聯華茶餐廳（1964 年）

提起焗豬扒飯，除了「大家開心」的一哥豬扒飯外，聯華的出品也是西環街坊口中的名物。

聯華的「樓上雅座」有點特別，只有一隻大窗可以俯視，雖然視角不太闊落，但相對地提高了「私隱度」，有種「上帝視覺」的奇妙感覺。

閣樓的紙皮石地板相當 classic，連接地下樓梯的鐵圍欄，相信是 60 年代的原裝舊物。除了美食，人情味濃的店員也是店家的生招牌，「遮遮們」相當熱情，若閣樓未滿座，多會邀請客人一登雅座用餐。

祥香茶餐廳

庫路乍街107號

舊名茶搬麵飽

香港嘅啡紅茶館

• 手繪香港主筆黎兆明先生筆下的茶餐廳樓上雅座——堅尼地城「祥香茶餐廳」。

• 手繪香港（Hong Kong Heritage Sketchers）主筆黎兆明先生在「聯華茶餐廳」現場的手繪作品，細心勾劃出通往樓上雅座的樓梯，完成作品見右頁。

第二章 建築再老美

新華茶餐廳（1966年）

　　要數第三家仍有「俯視式樓上雅座」的茶餐廳，就是長沙灣的新華茶餐廳。格局跟鴻運有點不同，閣樓沒有向內縮得太多（約7呎左右），即使坐在樓梯旁的座位，也只是勉強看到舖前的麵包櫃和收銀位——「優越感」沒太大。不過室內優雅的卡位柚木木枱，以及牆上的80年代壁燈，加上夾木造的冷氣格柵均是畫龍點睛之物。

　　來餐廳就是要吃的嘛⋯⋯關注食物質素之餘，還有整個用餐氣氛——老闆及伙記們跟食客有傾有講，端上食物時細心有禮。食客吃得舒服，歎得夠爽，一派經典的港式茶記氣氛。

　　要記住，許多的人和事都不是必然，趁還有之時，珍惜一下。

• 柚木卡位餐桌已經買少見少，枱腳還有細緻雕花的，相信沒剩下多少張。

• 據說高背卡位，是因為5、60年代民風保守，為免女士被評頭品足而特意做高。

● 懷舊之餘，也要留意食物的質素和用餐環境的氣氛——伙記待客有禮，已經贏了不少分數喔！

● 圓潤穩健的棣書招牌，或多或少反映出東主的營商性格。

• 報紙檔搭餐廳／酒樓，是傳統港式飲食的「絕配」。

活　道 12-14 號

　　小弟每逢經過活道這幢洋樓，都會被大廈外那個疑似十字架的裝飾物吸引著，那三段「擋陽板」更是讓我摸不著頭腦。一般情況下擋陽板應建於樓梯井通風孔外，但此處卻罕有地設在 12 號房間的窗外且靠近地面的一端，並以圓邊修飾，看上去絕對是非一般的擋陽板。

● 三片擋陽板在近地的一端以圓角修邊，位置剛好在行人頭頂上方。

● 大樓旁邊的新式住宅（黃色箭咀），乃昔日活道 12-14 號的同期相連住宅（16-18 號），同為葉衍芳先生的作品，但於 2005 年售出拆卸，合併相鄰地皮改建成「萃峯」。

似無還有

翻查資料，大業主原是香港著名建築商「章記建業」的創辦人——屈武圻先生（Mr. Mo-Kei WATT）。其父屈樂卿先生原是中華循道公會的熱心教徒，1920 年出任循道公會灣仔支堂主席，在上世紀三、四十年代，常到樓梯街公理堂講道，全家都是虔誠的基督徒，而屈武圻先生更深受父親影響，及後授任循道公會義務教士。如此一來，筆者大膽推敲，四周最顯眼轉角位，也恰好向東（其實是偏東北方向），設置如此十字形裝飾，頗肯定是一個具宗教意義的「十字架」；而那三段「擋陽板」可能是比喻「三位一體」（聖父、聖子、聖靈）的教義；在《香港老美》專頁上甚至有網友推敲十字架上方那三扇向東的窗（見右頁），是用以比喻耶穌誕生時來訪的「東方三博士」！將宗教元素融入一般民用住宅，極為罕見。

順帶一提，洋樓是由香港大學第 1 屆（1916 年）畢業生（工學士）葉衍芳先生（Mr. H. F. IP）設計。想到用「擋陽板」去演繹基督教教義，和把十字架融入平日在樓宇外牆常用的直線線條，十分高招。

第二章　建築再老美

地址及年份：渣華道 80-86 號／1957
建築師：林炳賢（P.Y. LAMB）

樓　梯　井
採　光　透　風　孔

　　香港現存大多數的唐樓、洋樓均屬於第四代建築——即有一道樓梯井，以「狗髀梯」連接各層至地面行人路。政府有見之前的樓宇通風及採光欠佳，衍生各種衛生問題，所以在 1936 年修改建築物條例，在樓梯（staircases）一章加入要求，指明 "At every storey on every staircase hereafter erected adequate light and ventilation shall be provided......"，意指樓梯井需要有充足的採光和透風。

　　不過條例並沒有寫明這些採光透風的結構要有多少個或建議尺寸、形狀，可謂「無為而治」，由於樓梯井置於大樓的正立面，面向大街，結果建築師們就各施其法，變化出五花八門的採光透風孔，甚至成為大樓的獨特標誌。時至 50 年代後期，建築技術提升，鋼筋水泥更加普及。6-8 層高的住宅相繼落成，再加上開始有樓宇加設升降機（例如 1955 年北角大昌大廈，見《香港老美》第一集介紹），住客出入都改用升降機，樓梯井亦開始轉置到大樓背面，不用面對群眾，建築師漸漸求其改用四方窗作採光透風之用。

　　這項由法例意外衍生的「港式都市美學」，亦隨之落幕。

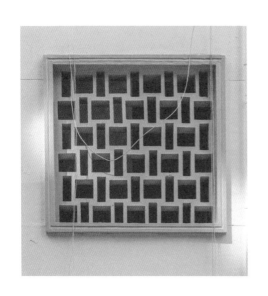

戰後港式唐樓入口解構

（樓梯扶手在圖中從略）

採光透風孔
樓梯井四面為牆，令公共空間空氣不
流通，故政府立例要開設通風孔，以
確保空氣流通，提升衛生水平。

大門楣窗
始於歐洲十八世紀的建
築物，置於大門頂，作
為通風及採光。

狗髀梯
普遍戰後唐樓/洋樓的主樓梯，都
採用「一層兩段」的狗髀梯 (Dog-
leg Staircase)，比起上一代唐
樓一口氣行 20 級階梯來得安全。

樓梯舖
是狗髀梯設計之下衍生出來的
空位，當時的業主「計到盡」，
將第二段樓梯底的位置變成小
地舖出售/出租，形成 60-80
年代樓梯舖大行其道。

1/F

地址及年份：
第三街 18-24 號 / 1948
建築師：霍乃鏗（N.H. FOK）

地址及年份：
獅子石道 42-44 號 / 1949
建築師：黃泰初（T.C. WONG）

地址及年份：
第三街 160 號 / 1950
建築師：Antonio H. BASTO

地址及年份：
第一街 97-109 號 / 1951
建築師：余緒麟（S.S.L YUE）

第二章　　建築再老美

獅子石道 22-26 號

　　這座大樓的通風孔外柱，是以水磨石現場製作，手工極佳。以至大門楣頂位置，再加設一組三件的圓形水磨石件作裝飾。側面看的話，有點像昔日父母在銀行買的小金塊，這可會是業主的主意？大樓建築師李揚安先生是香港第一代華人建築師，畢業於美國賓汐凡尼亞大學建築系，50 年代從上海來港，並執筆設計大量轉角樓。

地址及年份：
獅子石道 22-26 號／1952
建築師：李揚安（Y.O. LEE）

地址及年份 8
馬頭圍道 366-368 號 / 1954
建築師 8 Antonio H. BASTO

地址及年份 8
明園西街 27-29 號 / 1954
建築師 8 不詳

地址及年份：
明園西街 32-34 號 / 1954
建築師：Antonio H. BASTO

地址及年份：
嘉林邊路 48-54 號 / 1955
建築師：徐敬直（G.D. SU）

地址及年份 8
卑路乍街 63-65 號 / 1955
建築師：徐敬直（G.D. SU）

地址及年份 8
德輔道西 247-249 號 / 1956
建築師：余緒麟（S.S.L YUE）

地址及年份：
歌和老街 2E 號 / 1957
建築師：錢乃仁（N.J. CHIEN）

地址及年份：嘉林邊路 4-4A 號
（聯合道立面）/ 1958
建築師：余緒麟（S.S.L YUE）

地址及年份：雲咸街 36-38 號 / 1963
建築師：鄺百鑄（Pak C. KWONG）

地址及年份：卑利街 74-76 號 / 1964
建築師：葉衍芳（H.F. IP）

地址及年份：雲咸街 79 號
Harilela House / 1966
建築師：Gilbert P.H. WU

Harilela House

　　左圖這幢商業樓宇看似平平無奇，但背後的大業主卻大有來頭——The Harilelas，香港印度裔首富夏利里拉家族，掌舵人夏利萊先生（Mr. Hari N. HARILELA）生前在香港及世界各地經營多個酒店（如 Holiday Inn）及地產項目，亦熱心服務社會，致力提升在港少數族裔的福祉。最為人津津樂道的正是他在九龍塘對衡道 1 號（見下圖）建了一座家族式大宅（1964 年興建，1968 年入伙），整個家族（3 代逾 100 名成員）均居住在內。這正是夏利萊先生母親的遺願，希望他與 5 位兄弟永遠住在一起。恰巧九龍塘大宅和這幢商廈，均採用翡翠綠作為外牆主色。

• 對衡道 1 號 Harilela（1968）

中環街市大樓梯

中環街市由 2003 年停用，一直空置，終於在 2021 年重新活化成為購物和飲食的公共空間，不過當中的保育工作來得有點複雜。筆者在一次偶然機會，收聽新城電台節目《閱讀城市》(2021 年 9 月 4 日) 來自香港建築文物保護師學會的嘉賓主持提到，他們為了讓中環街市那道曾經被多位香港攝影大師（如何藩先生、鍾文略先生等）拍下許多經典照片的「沙龍大樓梯」保留原貌，下了許多苦工。「現行建築條例規定一段室內樓梯不可超過 16 級階梯，但中環街市大樓梯卻有 18 級，為了保存樓梯，於是乎我們 ...... 哈哈哈哈（咳咳）~~ 最後就跟政府部門商議，並採用了一個『折衷方案』，保留了這道經典大樓梯啦！」那到底他們採用甚麼方案呢？

好奇的筆者就立即跑去中環街市實地考察；但數來數去無論是南邊近皇后大道中的大樓梯，還是近德輔道中的大樓梯一段都只有 16 級！難道他們為了讓大樓梯符合現行建築條例，剷走了兩級？還是他們建了一組地台，將多出的兩級階梯隱藏了？為此筆者特意向「香港建築文物保護師學會」查詢請教，終發現原是一場美麗誤會！

• 從「SW Photography」Facebook 專頁提供的作品見到，2016 年還未活化前的中環街市大樓梯，共有 18 級階梯。相片來源：SW Photography (FB)

• 但筆者 2021 年去到活化後的中環街市現場，反覆計算，都只有 16 級？難道那 2 級階梯給剷去或升高了地台以符合新規例？答案見下頁。

原來攝影大師們拍的「沙龍大樓梯」是指地面層 G/F 至 1/F 的大樓梯；而筆者實情是聽漏節目內容，誤將 1/F 至 2/F 的另一道 16 級樓梯當作沙龍大樓梯。香港建築文物保護師學會為這個項目，特意向屋宇署提出申請豁免，最終獲得接納，而 18 級的沙龍大樓梯可以原貌保留。

　　惟扶手高度未能達至現時《建築物（規劃）條例》要求的標準（1.1 米高的欄杆和 850 至 950 毫米高的扶手）；雖可以行使酌情權豁免，但最終仍是要安裝線條最簡約和「可逆轉安裝」的鐵扶手（據知是可以拆除而不損樓梯的水磨石，見前頁）。安全和原汁原味之間，有時候是需要作平衡和取捨。

　　謹借此機會感謝「香港建築文物保護師學會」（HKICON）抽空指教及解答。

● 攝影大師們相中的 18 級樓梯，是指地面層 G/F 至 1/F 之間的大樓梯。

延伸閱讀：《建築物條例》——階梯

　　在現行的《建築物（規劃）條例》Building (Planning) Regulations 之下，建築物的主樓梯，任何一段階梯不得有多於 16 級的梯級，而不加設樓梯平台。觀乎一些 50 年代或之前入伙的舊唐樓／洋樓，都不難發現它們的樓梯都極之長氣，短則 20 級，長則 27 級（接近 2 層樓的高度），從樓梯頂回望下去，相當驚險。

　　皆因 1956 年前法例上沒有階梯級數的限制，但政府有見當時樓宇楷梯均為逃生走火之用。旨在避免過長及過高，於 1956 年修訂《建築物（規劃）條例》，限制每段階梯不得多於 16 級，超過 16 級的就必需設平台位。故見到一段階梯多過 16 級的話，頗肯定是 1956 年或之前已獲批則興建的樓宇。

1955 年入伙之某洋樓

1945 年入伙之某唐樓

　　至於每一級樓梯的高度，則不可以超過 175 毫米。所以，16 級 **x** 175 毫米 = 2.8 米（9 呎 2 吋）；如你的住所「樓底」矮過 9 呎的話，就是發展商沒好好參考這條例去起一個靚單位囉！（試想想，每層樓底減 4 吋，以每 28 層左右的樓宇同一高度的話就可以多建一層單位！那當然還要將地積比計算在內啦！）

新 光 戲 院

　　六、七十年代內地發生文革期間，國內的戲曲文化工作者大受打擊，紛紛南移，由當年的親中發展商「僑光置業有限公司」籌建的新光戲院順理成章成為他們的避風港，漸漸成為今天香港戲曲表演的殿堂。當然，在沒有「大戲」上演的時候，作為 70 年代香港「雙南院線」的龍頭戲院（80 年代更被大眾笑稱為「雙殘線」），就會播放一系列愛國電影幫補收入，「左派戲院」之名不脛而走。

● 當年作為一所傳統親中戲院，卻在 1988 年裝修時，配上極具時代感的波波吊燈，實在是相當戲劇化和出人意表的安排。

● 筆者有幸從歷程照明的社交媒體專頁，重新尋回他們於 1988 年為新光戲院大堂訂製的燈飾設計圖（右頁）。燈組以高低起伏的垂掛突顯層次，負責人指當年只能以手繪平面圖及正視圖，欠缺立體尺寸並忽略了立體三維空間。面對工程竣工在即，惟有動員全廠人員重新開料，終在限期前完成。

新光之誕生

要了解新光戲院，就首先要從其大樓旁的僑冠大廈講起。僑冠大廈於 1966 年入伙，當年中國和香港都發生了不少大件事：2 月香港大旱制水、4 月天星小輪加價及後引發九龍暴動、6 月香港發生 612 水災、8 月中國展開文化大革命⋯⋯然而僑冠大廈的發展商「僑光置業有限公司」早在 1963 年購入該地皮（橫跨糖水道至書局街的這塊地段，就是當年香港商務印書館的廠房），本來打算興建 4 幢大型高級住宅（66 年僑冠大廈 A、B 座入伙時，是香港最高的建築物，達 95.12 米）；但經過 65 年香港銀行擠提、66 年上述歷史事項、67 暴動和股災，發展商就改變了近書局街地皮的建築計劃並將其改建成規模較小的住宅，而地面商場則改為戲院，並改稱僑輝大廈（1972 年入伙）——新光戲院，就此誕生。

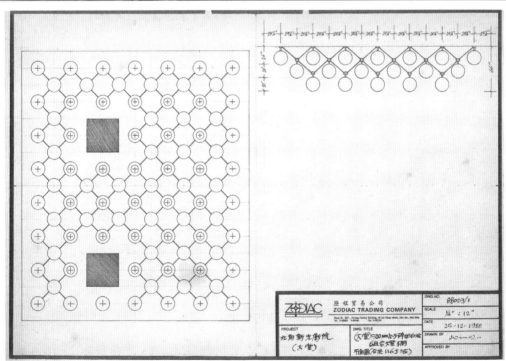

只 談 設 計　不 談 政 治

發展商是當年的親中機構，那個年代，香港對親中團體及內地機構或多或少有點避忌，但出於愛國心，業主將本來跟僑冠大廈「倒模」出來的商場樓層，改建成學校（即昔日的樹人小學及幼稚園）及新光戲院，為同鄉大眾服務——也就成為北角的商業、文化和教育核心聚腳地！

僑輝大廈本有一位建築師負責設計入則，商場改為戲院設計後，業主就找來當時負責過幾所香港戲院設計的建築師梁伯麟先生（Mr. P.L. LEUNG）幫忙。這位香港大學建築系第三屆畢業生（1952 年香港華仁書院畢業），最初洽談計劃時，據說對親中機構頗為忌憚；但當年業主拍心口，表示是次計劃只談設計，不談政治，所以梁先生就放手一搏。結果他將原本建築師可以提供約 1,500 個座位的設計修改，提升至 1,800 個。除了座位數目增加外，梁先生在設計舞台時，更參考當年中國舞台的設計——將觀眾席由當年常用的「一字長城陣」排法，改為「扇形」排法，盡量縮短舞台與觀眾之間的距離；並將舞台的高度稍為降低至 1 米，有別於慣常的 1.5 - 2 米，讓前排觀眾看得更舒適，變相改善前排幾行的座位銷情。與此同時藝人在台上可以更靠近台下的觀眾，加強交流，提升現場感。

• 右頁：幸運地，新光戲院兩個立面（英皇道及書局街），仍各自裝有一組霓虹招牌，相當醒目，但不曉得何時會被下令「檢查」。

● 張敬軒先生 2021 年的單曲作品《On My Way》MV，其中一幕也在新光戲院取景。相片來源：英皇娛樂 EEG 及張敬軒先生

● 磅重機是 70 年代戲院的指定玩意，踏上去，企定定，看那個暖黃燈箱內的轉盤停定後，就投入硬幣磅重。咔碟一聲，就會有一張印有重量數值的小卡片跌下來。

　　1988 年，新光戲院進行裝修，除了將大堂的平頂光管屏改為當時流行的波波燈外，更將高座改建成一個擁有 500 個座位的獨立電影院，增加收入。2012 年，經營新光戲院的香港聯藝機構以商業考慮為由，宣告不續約並結束新光的業務；但後來讓現任租客李居明先生說服業主，成功承租營運至今。由以往只做大戲和放電影，改為「綜合劇場和數碼戲院」，推出劃時代劇目，如〈粵劇特朗普〉、〈小平你好〉等，開拓年青客路，讓新光繼續走下去。

　　香港的老戲院買少見少，特別是那些位於旺區一線地段，業主「心郁郁」賣樓的心理絕對可以理解。有見政府在 2022 年建議將強拍條例修改（住宅樓宇樓齡 50 年或以上，其強拍門檻降至手持物業業權 70% 或以上），新光戲院的大業主遂於 2023 年 7 月、物業剛滿「50 歲」之齡，隨即將物業公開招標出售。

　　現任租客李居明先生 10 月受訪時表示業主決定暫不拆戲院，並會維持現狀至 2025 年 2 月租約期滿之時；及至 11 月卻傳出有「用家」以近 8 億港元承接。新光戲院往後的命運會如何？大家不妨拭目以待，希望「全院滿座」橫祁長掛長有，傳承下去。

義 德 道 17 號

「 獵 苑 」

筆者每次坐巴士出入沙田，經過窩打老道天橋入獅子山隧道前，都會留意左手邊這幢 Y 字形、樓高四層的住宅。筆者總是在想何解在九龍塘這般高尚的住宅區，會建有一幢這麼矮而又佔地闊落的住宅呢？一查之下才知道，原來大有故事。

● 現場所見只餘一兩個單位仍沿用當年原裝的幾何圖案鐵窗花。

• 大廈建在斜坡之上，左邊為低座，右邊高座比低座高半層，建築師以「狗髀梯」連接兩座，變成屋主只消行半層樓梯便可升高一層，回家之路頓時變得「輕鬆」（心理上）。

● 獵苑借用獵戶座（Orion）的星體排列形狀作為建屋的藍圖。其收窄之處為 Orion's Belt，即大廈樓梯井之處。相片來源：Google Map

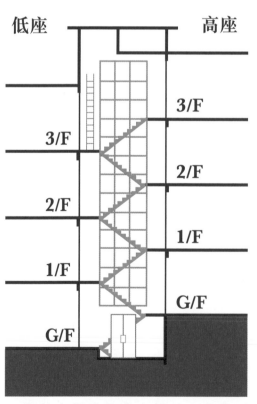

低座　　　　　　　　高座

3/F

2/F

1/F

G/F

3/F

2/F

1/F

G/F

● 高低座順地勢差半層，一段梯可升一層。

這幢樓宇名為「獵苑」，光是名字已經夠霸氣，屬於「公務員建屋合作社」的住宅（詳見文後的延伸閱讀）。當你以為業主／發展商本以「打獵」為意，完全是捉錯用神了。原來獵苑的英文名是 Orion Court，即是借用星宿之中獵戶座之名。從 Google Map 的高空圖片可以看到，整座大樓的外形其實是依照「獵戶座」H 形的星宿排列形狀而建，相當浪漫！到底這是誰的主意呢？不曉得，但肯定的是其建築師就是王定基先生（Mr. T. K. WONG），他在港較為人熟悉的的建築作品有邵氏片場的「七至十號錄影廠」、番禺會所華仁小學（灣仔校舍）和荃灣龍華戲院等等。

就地取材

樓宇地盤位於義德道尾的小斜坡,建築師則聰明地趁機將 H 形的樓宇分成高低兩幢,以一個樓梯井連接兩座大樓;高座比低座「高半層」,所以每行上 9 級的「狗髀梯」就可以升高「一層」(平常一層樓行 16 級),回家的路感覺上就走得比較容易!樓宇最優雅的設計,就是那個前後透光的樓梯井。每天黃昏時段,太陽剛好從西南方射進樓梯井,採光充足之餘,也讓住客們下班(公務員 5 時準時放工)回家入門前感受到暖暖的陽光,認真 home sweet home!

「獵苑」於 1958 年入則,高低兩座共 16 個單位。相比起同期的洋樓設計,實在是與別不同。大樓流線型的露台加上入口配以硬朗橫向線條的拱門,原裝的幾何設計鐵窗花和全透光的樓梯井,均流露出現代主義風格。翻看當年的圖則,客廳面積竟超過 300 平方尺!3 間睡房,再加一間工人房,每個單位的實用面積高達 1,264 呎,何其寬敞豪華!有才華的建築師,還要遇上有品味的住客,才可以建造出如此優秀的建築作品!

2019 年,「獵苑」曾經過 75% 社員同意公開拍賣大廈及其地皮,但據小道消息指出,拍賣前其中一戶突然反對退出,結果出售重建計劃告吹。

• 右頁:獵苑的樓梯井採光孔以前後半磨砂玻璃窗構建,充分展示現代主義所提倡的「形隨機能」——既能採光,又可保持一定程度的私隱。

工 廠 街 32 號

工廠街現在已經沒有工廠，但回到 70 年前左右，這裡的確有一座大型廠房——「馮強製造樹膠廠」（筲箕灣道 407 號），故而得名工廠街。工廠街 32 號昔日對出就是愛秩序灣，是名副其實的「望海樓」。樓宇本為「筲箕灣公務員建屋合作社」樓宇，1960 年 5 月入伙，屈指一算已差不多有 63 年樓齡。查看 Google Map 的舊照，樓宇在 2021 年進行外牆維修成現狀。翻查入伙紙，樓宇是由黃培芬先生（Mr. Faitfone WONG）設計。他是 1956 年「香港建築師公會」的創會會員 27 位之一（會員號碼為 05），屬香港建築歷史上的重要人物。

工廠街-32 號

● 大門的三色鵝卵石馬賽克造工相當精細，極考功夫。其陽角以紙皮石收邊，既聰明又耐用。

● 藍色虛線地方現址為巴士總站，是昔日愛秩序灣避風塘艇屋和棚屋的位置，1976 年一場大火把海旁大量木屋燒毀，促成 1979 年的填海計劃。

陸上行舟

打開舊地圖，大廈位處於昔日愛秩序灣海旁，轉角露台位向西，望著愛秩序灣海旁。未知是業主們的主意，還是出自建築師的主意？

樓梯井的通風採光窗刻意採用圓形，似乎是借用郵輪常見的圓形舷窗（portholes）。轉角位看得出在設計上沒有用到盡，反而在地面層單位圍起了一個小花園，活像個「船頭甲板」。從愛秩序街望過去，大廈的確有點像一艘駛向愛秩序灣的大郵輪。

● 圓型的 portholes 樓梯井採光窗，在 50-60 年代住宅中，十分罕見。

一 社 二 居

　　當大家以為昔日這裡定必是風光如畫的海濱，所以業主/ 建築師把樓宇設計成郵輪般享受海景；其實，翻查 1950 年代的舊照片，愛秩序灣一帶其實聚滿小漁船和艇屋。1976 年更加發生大火，燒毀海旁大量木屋，如此才促成 1979 年愛秩序灣的填海計劃，成就了今天巴士總站、愛蝶灣和愛東邨的建成。

　　1952 年，港英政府推行「公務員建屋合作社計劃」，為公務員及其家屬提供居所。要成立「公務員建屋合作社」起樓自住，首先要集合至少 10 個公務員才可以成社。然後政府會以市價約 1/3 的價錢撥地予合作社，並提供低息貸款作為興建樓宇的資金，相當吸引。前頁提過，這是一座「公務員建屋合作社樓」，全幢只有 6 層，每層一個單位。但根據上述的成社條件，至少要有 10 位社員，那麼一來，不可能一個單位有兩個成員吧？

　● 這幢望隆街19-21號的洋樓，實為「筲箕灣」公務員建屋合作社名下的另一幢樓。這裡有12個單位，連同工廠街32號的6個單位，合共18個單位（成員），「6人成社」的謎團終於解開。這邊廂的大門的三色鵝卵石馬賽克，比工廠街32號的更大型喔！

● 工廠街 3 2 號每個單位都擁有兩個超靚的露台，然而望隆街 1 9 - 2 1 號其實也不輸蝕，光是向寶文街的露台已夠開兩枱麻雀，樓底極高。

　　原來這個合作社在筲箕灣望隆街和寶文街轉角位，建有另一座共 12 個單位的「公務員建屋合作社樓」，同樣由黃培芬先生同年負責。恰巧地，兩座大廈大門的「三色鵝卵石馬賽克門框」是一式一樣。然而，「筲箕灣」建屋合作社的通訊信箱是設在望隆街這邊；似乎，這邊才是合作社的龍頭基地呢！根據政府文件顯示，「筲箕灣」建屋合作社仍未解散，兩幢大樓暫無拆卸改建之意向。

延伸閱讀：公務員建屋合作社

坊間的地產代理，間中會提起「公務員樓」又大又實用，非常抵買！那到底甚麼是「公務員樓」呢？它其實是港英政府於 1952 年推行的「公務員建屋合作社」計劃，主要目的是為公務員建屋合作社的社員及其家屬提供居所。

計劃之下，擬參加計劃的公務員需要先行結社（需要至少 10 個具退休金資格——Pensionable，即長俸制的本地公務員申請），然後向政府申請買地（通常是正常地價的 1/3 價錢），再自行聘請建築師依照社員商議過的喜好和需求進行設計和興建，政府更會提供低息貸款（年息約 3.5 厘，攤分 20 年，每半年還一次）支付地價及建築費。建成入伙後，大廈業權歸該合作社各成員共同擁有，單位未還清貸款前不能個別放售單位/ 大廈；這個建屋計劃已於 80 年代中終止。

因應合作社社員的要求，政府在 1987 年推出單位的土地業權轉讓予個別社員的計劃，只要該社全體成員同意（1993 年計劃放寬至 75% 成員同意即可），則可以向地政總署申請解散該合作社及補回相差的地價，然後正式取得單位的業權，可以在市場上放售。結果，「公務員樓」開始成為地產代理口中的「筍盤」。從一份 2016 年的政府文件顯示，計劃至今共有 238 個合作社成立，當中的 186 個已經解散。比較著名的案例有 1956 年建成的「西環高級公務員宿舍」，該合作社於八十年代尾解散，並將地皮售予私人發展商，在 1990 年重建成現今的大型私人屋苑「寶翠園」。（據悉每戶合作社可得到一筆搬遷費及獲得兩伙新建成的單位，2022 年計最便宜的單位實呎呎價高達 $24,000）

公務員樓其中一大特色，就是樓內不設升降機的居多，而且沒有地舖，因其地面層已是住宅單位或車位，但單位間格實用而且闊大。至於選址，理論上當年是沒有限制的，但往往都是一些地段稍偏的位置，比較知名的有土瓜灣的靠背壟道、美善同道、盛德街、馬頭涌道及西灣河的西灣河街等。

• 上：美善同道 106-108 號（1963）／ 建築師：LI Fook Hon
　下：浙江街 52-58A 號（1963）／ 建築師：Eric CUMINE

延伸閱讀：公務員建屋合作社（續）

● 江蘇街 8-10 號（1962）／ 建築師：司徒惠（W. SZETO）

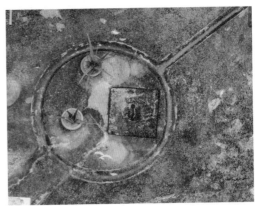

歷史遺蹟——天井淡水井

　　由於公務員樓的地面層不得作商業用途，故天井位意外地「被封存原貌」。50-60 年代香港淡水短缺，住宅多會在天井位開設淡水水井，抽取地下水作為清洗水源。如今絕大部份已被填平，仍能夠看見原裝樣貌的實在是寥寥可數。

● 美善同道 94-96 號（1968）/ 建築師：林清和（Ching Wo LAM）

把工作帶回家

　　這幢公務員樓的設計來得特別有趣，皆因門前這套字款，實為政府 70 年代專用的字體，常見於政府建築物及公共屋邨外牆。

　　也許這個公務員建屋福利社（The Constancy Co-Operative Building Society Ltd.）的組員實在很熱愛平日的工作，又或者他們其中一二當年在工務局（Public Works Department）工作，因利成便借出這套字款，作為新居的獨特裝飾。

嘉林邊道變電站

記得 80 年代有一句相當流行的口頭禪：「你邊度喫？我金邊嚟嘅！」無聊得來又顯得啜核。嘉林邊道是以蘇格蘭的最高山脈——嘉林邊山脈（Grampian Mountains）命名，其最高的山峰尼維斯山（Ben Nevis）為蘇格蘭及英國本土的最高點（海拔 1,345 米）。也許這裡鄰近舊啟德機場，受高度限制，街道兩旁的建築物都只是 4 至 5 層高，亦因此欠缺重建高樓的誘因，順理成章，街頭街尾保留了 50-60 年代的建築。但要數最特別的，就是嘉林邊道變電站，它既是中電的變電站，也是中電的員工宿舍。

當然，自 1998 年啟德機場搬遷後，城規會已調整九龍城區的建築物高度限制，九龍城亦開始受發展商和市建局「注視」而啟動重建計劃。

• Streamline moderne 的圓角細節，在最不顯眼的簷篷都可以體現到。

● 從外觀看，完全看不出變電站上，原來是兩層員工宿舍。

尋找香港保衛戰的故事

　　這座變電站樓高 3 層，以摩登流線型（streamline moderne）作為建築風格，誇張的大圓角露台配上簡約的橫向長條形欄河，充滿 50 年代盛行的現代主義。建築物地面層是中電的變電站，將電壓降至一萬一千伏特（11kV），再分配給街上各幢大廈。而二樓和三樓則是一層一伙的「特大四房連平台員工宿舍」，每個單位除了有客廳及飯廳外，更配設一間套房、兩間睡房、一間書房和 3 間工人房！光是露台的面積差不多接近 360 平方呎！細心觀察，除了露台採用圓邊外，地面的變電站入口和窗戶簷篷亦以小圓弧收邊，貫徹摩登流線型的風格。

　　翻查圖則，設計這幢變電站兼宿舍的建築師，以英文草書作其簽署，實在難以

辦認。幸得中華電力有限公司公共關係部及由嘉道理家族籌辦的「香港社會發展回顧項目」（Hong Kong Heritage Project）協助之下，翻查中電的建築歷史檔案，終於查到建築師為白俄羅斯籍土木工程師 Mr. Alexander SKVORZOV（港譯：石和佐夫）。再深究他的背景資料，原來 Mr. Skvorzov 曾加入香港義勇防衛軍（Hong Kong Volunteer Defense Corps），軍階至少尉（2nd Lieutenant）。這位曾參與香港保衛戰的建築師，在 1941 年 12 月 8 日開戰當日負責在粉嶺一帶炸毀道路橋樑，以阻延日軍從陸路南下攻港。

此變電站建於 1951 年，屬中華電力現存第二古老的變電站（最古老的為建於 1948 年由黃培芬先生（Mr. Faitfone WONG）設計的土瓜灣變電站）。從圖則上

● 細心留意，機房大門邊，也用圓角收邊，建築師務求全幢樓宇風格統一，相當認真。

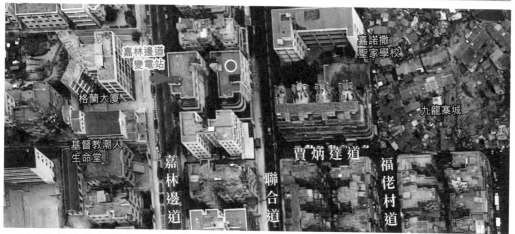

• 1967 年的航空照片，可見變電站背部有另一幢外形相同，但左右鏡射了的中電宿舍（見紅點位置）。相片來源：香港特別行政區政府地政總署

見到變電站宿舍後方，面向聯合道的空地，註明「待稍後發展」。再查 1960 年的九龍城地圖及 1963、67 年的航空照片，驚見該處有一幢 3 層高、外形跟嘉林邊道變電站相同但左右鏡射的「聯合道宿舍」。宿舍於 1969 年拆卸，70 年重建成現今的聯合道變電站，宿舍圖則已不可考，暫時未能確定「聯合道宿舍」是否同為 Mr. Skvorzov 的作品。讀者可能會懷疑居住在「大火牛」之上，是否安全？中電表示，變電站完全符合非電離輻射防護委員會（ICNIRP）的指引。放心放心！

與「嘉道理家族」結緣

Mr. Skvorzov 在 1893 年波蘭出生，其後隨白俄羅斯籍父母移居至中國的哈爾濱。1918 年大學畢業後受聘於東清鐵路（Chinese Eastern Railway）。1924年中華民國承認「蘇聯」政權，一眾白俄羅斯人變成無國籍人士，結果 Mr. Skvorzov 全家 1931 年移居上海另找工作（當時上海是少數免簽證入境的地方

• Mr. Skvorzov 的 女 兒 Mrs. Luba ESTES。相 片 來 源：加 拿 大 獨 立 影片《The Fence》訪 問 截 圖

之一）。不幸上海受到日軍攻擊，輾轉之下 1938 年來港，並受聘於由嘉道理家族合夥營辦的「香港建新營造有限公司」（Hong Kong Engineering and Construction Company），擔任結構工程師一職，負責中華電力的工程項目，包括中華電力亞皆老街總部大樓。戰後重返工作崗位，並升職至經理，1952 年退休後與太太離港移居美國。筆者有幸聯絡上他的女兒 Mrs. Luba ESTES（Estes 為夫姓），做了一個簡短的訪問，並綜合她的一些口述歷史檔案，重現當年香港淪陷的市況和他們一家跟嘉道理家族的一段奇妙緣分。

Luba 在 1931 年上海出生，1938 年隨父母來港。Luba 憶述小時候父親經常帶她到總部地盤遊逛，當時她們一家居於由爸爸親自設計及建造的嘉道理道 35 號大宅。香港保衛戰開戰當日，Luba 在大宅聽到日軍戰機轟炸啟德機場的爆炸聲，其鄰居的大屋更不幸被炸中。翌日 Luba 與媽媽及大姊就以香港義勇防衛軍家眷身份撤離九龍，到達港島後即被安置於中環半山梅道 3 號 "Gaddon" 食物分配站，輾轉間 Luba 一家人再遷至附近友人的大宅內暫避，潛藏近兩星期。時至戰時尾聲，Luba 的父親駕著一輛半殘舊的開篷車從前線回來，急急接走她們及其他人前往中環告羅士打酒店（即現今的置地廣場），沿途更被一架低飛的日軍戰機發現並掃射，幸好未被射中。12 月 25 日香港淪陷，Luba 父親被日軍俘虜並送入深水埗戰俘營。

1942 年 1 月，日軍大致上已掌握市面控制權，日軍軍人隨意搶劫和殺人的慘況到處皆是。Luba 的媽媽擔心當時中環的市面不安全，於是決定乘船返回九龍大宅收拾行裝再作打算。Luba 憶述在回家的途上，維港布滿浮屍；徒步在彌敦道的路上，更見堆滿屍體。錯有錯著，因為他們一家人是「無國籍人士」，日軍對他們不加理會，Luba 一家因此可以順利通行回家執拾家當。

1942 年 4 月左右，Mr. Skvorzov 被轉移至「亞皆老街集中營」；營內生活艱苦，但 Mr. Skvorzov 冒著生命危險畫素描寫生渡日，以其美術天份記錄營內的所見所聞。重光後離開戰俘營，於 1948 年將當中 18 幅畫作集結成書，其中作品見下頁；Luba 回憶當時曾為父親送上食物及物資，並從營外的鐵絲電網「靜靜地」遠觀父親，皆因大家都不能有任何動作或眼神接觸，否則戰俘會被日軍毒打。

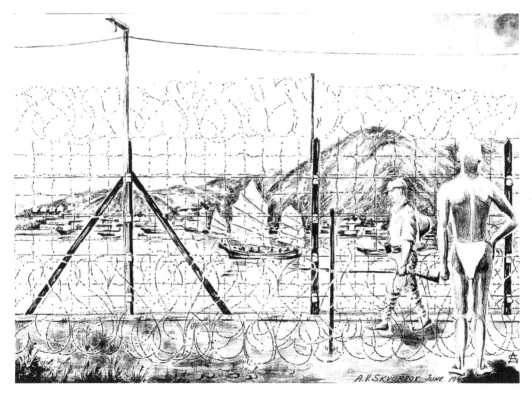

• Mr. Skvorzov 被拘留在戰俘營時的畫作之一。
（Photo courtesy of Mrs. Luba ESTES）

● **Mr. Skvorzov** 被拘留在戰俘營時的畫作之一。
（**Photo courtesy of Mrs. Luba ESTES**）

千鈞一髮

　　不久，主管亞皆老街集中營的日軍將領德永功大佐（Colonel Tokunaga ISAO）派人來到他們嘉道理道的大宅「拜會」Luba 的母親。經過幾次會面後，她的母親覺得事情有點不對勁；Luba 在回憶錄中曾記述，她估計可能是對方垂涎母親的美色，於是在 1942 年 5 月就帶同兩位女兒乘坐「台南丸」離開香港往上海，暫別父親。

　　她們在尖沙咀碼頭排隊上船時，竟然巧遇羅蘭士 ● 嘉道理先生（Mr. Lawrence KADOORIE）一家人。當時他的太太 Mrs. Muriel KADOORIE 行在 Luba 前面，轉眼踏上登船橋時，手抱著當時仍是小嬰兒的米高 ● 嘉道理（Michael KADOORIE），冷不防一個大海浪翻起，Mrs. Muriel KADOORIE 失手把米高鬆開；在差不多要跌落海之際，身後的 Luba 竟然剛好一手把他接住，成為米高 ● 嘉道理爵士的救命恩人，香港重光後 Luba 回港跟父親團聚，亦跟米高 ● 嘉道理爵士一直保持聯絡。

留下來傳下去

香港歷史大寶藏

THE HONG KONG HERITAGE PROJECT
香港社會發展回顧項目

Eng Q

關於我們　最新資訊　檔案庫　照片廊　歷史　活動

藏品簡介　　　　　山頂
相簿　　　　　　　山頂
　所有分類
　航空
　中電

—— 香港社會發展回顧項目

網頁： www.hongkongheritage.org
註： 檔案庫對公眾開放，如欲造訪檔案庫，敬請事先以電郵預約。

　　如今網路發達，想了解多一點昔日香港的歷史，去維基百科網站一查便知曉；不過站內資料未必完全準確，而且遇上一些支節時會出現自相矛盾或語焉不詳，此時真的需要從第三方的資料求證。筆者是次執筆寫書，幸得「香港社會發展回顧項目」相助，找到極珍貴的口述歷史資料，得以將天星小輪和中電嘉林邊道變電站建築師的歷史故事重現於華文書籍之中。香港社會發展回顧項目（Hong Kong Heritage Project）由米高嘉道理爵士於 2007 年成立，以保育香港歷史和推廣傳統文化意識為目標。項目的檔案庫收藏了中電、天星小輪、山頂纜車、半島酒店及其他嘉道理業務的歷史資料，以及有關戰後香港社會和經濟發展的口述歷史。

• 羅蘭士 • 嘉道理爵士於 1989 年應牛津大學圖書館邀請的口述歷史記錄。

延伸閱讀：用童年治癒一生

嘉林邊道變電站表面上是一個工業建築，但樓上卻建有兩層員工宿舍，讓中電員工入住。透過《香港老美》專頁，我們有幸聯絡上昔日宿舍的住客陳氏兄妹（Lilian & Terence），記錄陳氏一家昔日在宿舍的生活。

大到有朋友

Terence 和 Lilian 兩兄妹本來在堅尼地城生活，幼年時搬到嘉林邊道中電員工宿舍，渡過了愉快的童年。「爸爸任職於中電的慈雲山電廠，記憶中我 4 歲時，爸爸升職後公司（中電）就分配宿舍給他。據爸爸憶述，當時有幾間宿舍可選，爸爸見嘉林邊道宿舍面積大，而且位於九龍，可享職工免電費優惠，所以就搬過海。兒時記憶雖然有點模糊，但印象第一眼看見如此大的地方，還是十分興奮。」Terence 一談起舊居逸事就笑容滿滿。

宿舍 2/F 的實用面積達 3,000 平方尺 !!! 3 間睡房，2 間工人作息室，1 間儲物室，還有一個超級無敵大的弧形露台。陳家在嘉林邊道宿舍安頓後不久，就連爺爺嫲嫲都接過來住。「印象最深刻的，其實是大廳的那個大火爐，真的有一堆柴木放在那裡。記得兒時常常問同學仔，他們家有沒有一樣的大火爐，長大後才知道火爐這玩兒並不是尋常事。兒時的我對這個火爐十分好奇，曾試過伸頭進火爐中，看看聖誕老人如何從煙囪爬進屋內派禮物給我們。當然，煙囪只有幾個大孔，黑黸黸的，甚麼都看不到。相反，火爐內盛著柴木的那個大鐵架，卻被爸爸拿出露台當作燒烤爐。凡到假期，我們就會邀請一大班親友來圍爐燒烤。大人在露台聊天，我們兩兄妹就會帶一班『老表』上天台玩。」

是誰……在敲打我門？

天台，就是陳氏兄妹的私人遊樂場。「兒時跟哥哥在天台學單車、玩麻鷹捉雞仔。除此之外，天台也是媽媽晾大被單和床單的地方，那個時候最喜歡踩著單車衝過去！中秋時節就會一班老表在這裡觀星、賞月點蠟燭、玩燈籠。」妹妹 Lilian 越洋憶述。提起天台玩樂，哥哥就有話兒：「有一年『老表』們上來吃飯，飯前跑上天台大玩特玩。晚飯時間到了， 媽媽就在樓下大叫『食飯啦！』，我們就趕快跑回

樓下。吃飯時點點人數，發覺表弟（阿駿）不見了。找遍全屋幾間房都不見他的蹤影，及後才想起表弟可能仍留在天台。我跑上天台，把門打開，驚見表弟坐在一旁。回想起這件事，應該是當日玩捉迷藏後，最後一個離開的『老表』太有手尾，把門關上，而遲出來的表弟可能力氣不夠，只能輕輕敲門求救。天台實在太大了！」

宿舍限定的桑椹果醬

　　據 Terence 憶述，昔日露台對出有一棵很大的桑樹，樹冠闊大到差不多伸入露台。「這棵桑樹是我的兒時玩伴，每年春末 4、5 月左右就會結果（桑椹），初初是紅色，還未熟透，待它變黑之時，就十分鮮甜。樹上的桑椹多得可以當零食般隨手取一束，洗乾淨就吃。太多吃不下的時候，就會請媽媽幫手，一起把摘下來的桑椹做成果醬，早餐配麵包就最好味道。」哥哥就愛吃桑椹果醬，妹妹 Lilian 就吃得簡單一點：「摘下來洗乾淨，就混入雪糕吃，好滋味啊！」除了餵飽住客，還餵飽了陳氏兄妹的小寵物——蠶蟲！「小學時常常養蠶蟲，課堂上老師教我們拿桑葉去餵蠶蟲——同學們去買桑葉，我就隨手伸出露台拿一大束，把牠們養得肥肥白白！」

　　筆者在此感謝陳氏兄妹的口述分享和相片提供，也難忘 Terence 的中文造詣和無時無刻都掛著滿滿的笑容。

　　簡樸而歡樂的童年，的確可以治癒一生。

德己立街 56 號
"Jasmin Casa House"

蘭桂坊——一個連死靚仔都知道夠秤就要來這裡飲酒慶祝的地方,這幾年新冠疫情期間的經歷,實在是「苦過 Dee Dee」。根據鄭寶鴻先生指出,早在 1880 年代,一名姓李商人買下現時蘭桂坊一帶地皮,借用《宋史 • 竇儀傳》中「蘭桂騰芳」一詞為街道命名,意指子孫代代昌盛。

時至 1978 年,英國人 Gordon HUTHART 以 28 歲之齡(其父親正是當時香港連卡佛百貨總監 Mr. Robert HUTHART)在德己立街 40 號地庫開設的士高「Disco Disco」(簡稱 DD),風頭一時無兩,城中名人、模特兒、國際巨星均為座上客。後來蘭桂坊聲名大噪,國際知名,成為夜生活消遣必到之地;而往後由盛智文先生(Mr. Allan ZEMAN)推廣蘭桂坊一帶成為大眾娛樂餐飲事業的事,就已是後話。

此商廈由 Lo & Kwong Architects and Engineers 的土木工程師 K.Y. KWONG 負責設計,地舖舖面的可用面積其實少得可憐(約 175 平方尺),在

● 旗杆底的金屬球,出現在如此一般單幢式商廈外牆也是極罕見。

這個買醉地出現一幢採用極誇張 art deco 外牆旗杆座作裝飾的商廈，是有點意外和無厘頭；但若作為美術品看待的話，又覺得頗有趣。對比起附近新式玻璃幕牆大型商廈，其實其外形設計一點都不輸蝕，光是其大型 art deco 旗杆座已收先聲奪人之效。

　　未知業主當年何故在蘭桂坊未「發市」之前，就大膽採用如此誇張的設計，實在是令人摸不著頭腦。然而綜觀香港各個 art deco 風格建築，均未見過如此巨大的旗杆架，故此建築實屬異類，值得一看。截至修訂版 2023 年 11 月截稿前，建築物外觀良好，但地舖丟空多時，樓中未見有租客進駐；即使地舖間中有短約租客承租，但總是來來去去，散散聚聚。

延伸閱讀：Ａｒｔ　ｄｅｃｏ 旗杆座

在一些 art deco 風格的公共建築，都可以見到旗杆座。通常是以 3 個或 4 個 U 形結構支撐旗杆。德己立街 56 號的旗杆座卻異常地大得誇張，但一般常見的旗杆座例子如下：

中區健康院 (1958 年)

這座健康院舊址原為九如坊戲院（1911-1951），拆卸後被內地湧入的難民佔據並興建若干木屋，至 1957 年政府收地再改建成現時的健康院。建築物是典型的 art deco 風格，從屋頂的角邊裝飾和旗杆座是典型 art deco 裝飾特徵。院內大堂現時仍鋪着深綠和淺綠色的格子地磚，是 60 年代流行的地板款式。

香港防癆會 (1951 年)

防癆會前身是皇家海軍醫院，二戰時受日軍炮轟破壞。及後印度巴斯慈善家律敦治先生（Mr. J. H. RUTTONJEE）有見自己女兒在 1943 年因肺癆病過世，故在 1948 年成立香港防癆會，翌年獲得政府贈地並邀得周耀年建築師設計大樓，現為三級歷史建築。

荷李活道 20 號（1953 年）

　　這座商用三級歷史建築與中環
大館相鄰，自中環登山扶手電梯建成
後，其立面就躲藏在行人天橋後方。
地契於 1844 年批出，屬香港被割讓予
英國管治之後首批劃出發售的地段。
在奧卑利街側立面可見一排圓形舷窗
（portholes）作為樓梯井的透氣採
光窗，大廈配上精緻的上海批盪、art
deco 旗杆座及橫向線條的遮陽簷篷作
表面裝飾。

尖沙咀天星碼頭（1957 年）

　　由港英政府工務局的建築師陳洪
業 先 生（Mr. Hung Yip CHAN） 以
streamline moderne 作為建築風格。整
座碼頭內外都充滿著濃厚的簡約現代主
義風格，在碼頭的正立面左右各配上一
組 art deco 常見的旗杆座，惟右方（近
海運大廈）的旗杆不知何故在近年除去，
只餘下旗杆座。即使向官方查詢，仍不
得要領。

德輔道西 207 號

　　德輔道西本來就是填海得來的地段，在 1854 年由第四任港督寶靈策劃，本名為「寶靈海旁西」。第十任港督德輔於 1890 年重啟工程，在中環及上環一帶進行填海，使其接通至上環，為了紀念港督德輔，就索性將此路段改名為「德輔道西」。日佔時期，德輔道西更曾一度被日本軍政府改稱為「昭和通」。

● 每個單位房間均設有獨立露台，但 9 個露台其中 6 個已被改裝，只餘 3 個原裝露台讓大家緬懷。

　　　　第二章　建築再老美

● 一百年前的建築都已經想到用瓶式花柱作為通風之用，後方為新式樓宇，想找點美術配襯元素都困難。相隔百年，香港的建築美學居然來個大倒退，其實有點可悲。

　　坐落在繁忙的德輔道西電車路和正街交界的 207 號唐樓，建於 1921 年，屬二級歷史建築，屬戰前轉角直角唐樓之一。建築物外貌尚算保留到昔日模樣，樓宇屬新古典（neo-classical）建築風格，前舖後居，在現存的戰前樓宇群中已屬所餘無幾之列。地舖的「厚生酒行」招牌疑似古老，其實於 1985 年開業。

　　天台有一組既闊且伸長的簷口（cornice），向東的 9 個露台之中已有 6 個被改裝；當中倖存的 3 個則外觀上原好，足以反映當年原裝設計之水平；其餘數枚大騎樓的瓶式花柱亦被換掉為簡單的長方柱。2021 年初大樓完成東邊立面的維修，從街上所見，各單位的冷氣機均為空殼，似乎暫時未有居民入住。樓宇採用廣州式「有腳騎樓」；但現場所見，結構上似乎不太穩定，需要以工字鐵作為額外支撐。

　　在 207 號對面是昔日出名的「正佳（音：狙）肉食公司」，一邊賣生肉，一邊賣燒肉，相當有趣！不過業主已經將舖面轉租，失去特式。再往皇后大道西方向南行，會經過甜品老店「源記甜品專家」，其馳名的桑寄生蛋茶和雞蛋糕是昔日西環老街坊口中的必吃名物。不過近十數年名聲頗差，糖水的水準每況愈下。現況嘛……2023 年 6 月已經無聲結業，惋惜的人，倒沒幾個；為了求讚出帖的，卻有幾百個。

• 百年建築，能夠保存至今，已實屬難得。以一對「大角碼」作為懸臂式
露台的支撐，簡單得來又充滿幾何美學。

第二章　建築再老美

欽 州 街 51-53 號

電影《濁水漂流》大眼輝（吳鎮宇 飾）在吊機上遙望深水埗夜景時，疾聲大呼：「深水埗係窮人住嘅地方嚟㗎，起 X 咗咁多貴樓，啲窮人住邊 X 度啊？」當大家以為深水埗是一個老區，是低下階層群居的地方，你就大錯特錯了！

1900 年代，港英政府有見市區土地不足，而且早在 1898 年透過簽定《展拓香港界址專條》租借界限街以北、深圳河以南的土地 99 年，是時候開發這片處女地了。皆因深水埗位處界限街之北，位處海岸邊，交通便利，理所當然由這裡建設新市鎮。各路人馬亦開始紛紛在深水埗搶地建屋，希望可以賺一筆。

● 極 有 趣 的 中 西 混 合風：樓角檐口下的柱頭選用仿羅馬科林斯柱式的四方柱頭，以仿毛茛葉（acanthus）作裝飾，形似盛滿花草的花籃。住宅單位露台卻用仿希臘愛奧尼柱式。天台則以**中式銅錢圖案**作通風磚，一幢樓三種風格，極具玩味。

● 大門楣窗是筆者普查記錄中最複雜的一個，而旁邊地舖頂的閣樓楣窗也是2021年初舖頭遷走拆除燈箱時意外重現。

● 以仿希臘愛奧尼柱式柱頭作為唐樓住宅的裝飾，但柱頭個別渦卷裝飾已經掉失，有點可惜。

●51號樓各層現為劏房單位，露台外牆的通風磚分別以銅錢及十字花作裝飾，相當特別。露台部分在維修後仍用支架支撐著，結構情況令人擔憂。

百年前的拖字訣

　　團隊以地段號碼入手，從歷史檔案館找到一份 1922 年關於欽州街 51-53 號所屬的 N.K.I.L. (New Kowloon Inland Lot) 366 的交易文件。文件表示，N.K.I.L. 366 原來連同 367 一併進行公開拍賣，結果由鄭華民先生（CHENG Wah Man）及余焯臣先生（YU Cheuk San）等人成功投得。但有趣的是，文件指 N.K.I.L. 366 的承租人是鄭華民先生，而 367 S.A 及 RP 地段的承租人則是余焯臣先生，整份文件寫得煞有介事似的。接著團隊又發現另一份文件，指 N.K.I.L. 366 的承租人鄭華民先生透過則樓 Palmer & Turner，以「東亞銀行」（Bank of East Asia）代表的身份，向政府申請將地皮起樓的期限，由原本的 24 個月，延長 12 個月至 1925 年 6 月。翻查 Directories annd Chronicles for China and Hong Kong 的記錄，鄭華民先生原是東亞銀行的副經理（sub-manager）。

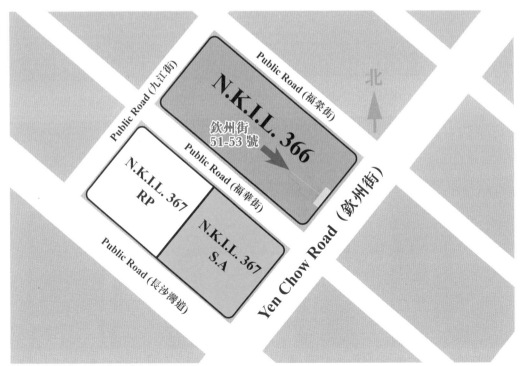

● 1922 年地段拍賣的地圖附件，當年只有 "Yen Chow Road" 設有路名，其餘道路均用 "Public Road" 代表，推敲當時深水埗西北邊陲仍未開發。

• 屋頂的三角形山牆（或稱女兒牆）本刻有「1932」的字樣，但2021年3月由友頁「維城觸蹟」發現字體「32」兩字已經剝落，露出背後紅磚，狀況不理想，進一步引起大眾關注。

阿 Sir 玩大咗

我們將時間先回撥到 1922 年的土地公開拍賣會，政府原來在拍賣會當天，發現有些不對勁——現場競投的人，似乎是互相認識，當叫價叫到政府早前在憲報列出的保留價（upset price）時，就全部停手。政府拍賣官見狀不妙，於是就主動提高叫價，經過幾輪台下叫價，都只能勉強將成交價提高至保留價約 1.3 倍。拍賣官及後徵求國家律師（crown solicitor）的意見，律師指這種名為 "knock-out" 的拍賣行為並非犯法，政府若認為價錢未合意，大可以加入拍賣條款，指拍賣官若有足夠理由，可隨時抽起地段取消拍賣，此舉直接影響往後港英政府的土地拍賣規程。

那麼到底這塊地段背後的「終極大佬」是誰呢？原是東亞銀行創辦人之一，人稱「香港大老」的周壽臣爵士（Sir Shouson CHOW）！

時至 1925 年 5 月，N.K.I.L. 366 的最遲起樓期限將至，地段竟由東亞銀行副經理鄭華民「轉讓」至其老闆周壽臣爵士等人。從買賣文件中，團隊找不到任何字眼提及地段之上有建築物。如此一來，我們推敲周壽臣爵士等人投地的原意，就是透過公司重臣做代表買入地段，然後用盡方法拖延並「待價而沽」。翻查 1930 年《香港商務人名錄》，深水埗的商業重心應在北河街及南昌街一帶，欽州街只有零星商店記錄，若要吸引外區人仕遷居深水埗，樓宇要做得精緻優雅才有吸引力。

　　欽州街 51-53 號屋頂的山牆，寫明「1932」，團隊將此交叉檢查土地查冊，
證明 1932 年的確是大廈的入伙年份，首任業主為 NG Chong Len（又名 NG Khia
Kie），似乎是印尼華僑的譯音；至於誰是建築師，已不可考究。

　　大樓以新古典風格設計，地下入口設有一對頗精緻但已破落不堪的仿希臘愛奧
尼柱式（ionic order），個別的渦卷裝飾已經掉失；屋頂兩角卻選用了仿羅馬科林斯

柱式（corinthian order）的四方柱頭，極具特色。地下大門頂的楣窗窗花極為精緻，在筆者楣窗窗花普查之中為手工最複雜的一個。左邊的 51 號樓現為劏房間格，右邊的 53 號樓則丟空多時。總體上樓宇的狀況不甚理想，2021 年 10 月全幢轉售，新業主進行外牆大維修，惟暫時沒有進一步消息。

第三章

九龍塘「花展」

花展往往都引來一班人排隊等位打卡，相當沒趣。不如趁春日之際，去九龍塘一帶的獨立屋外，看看各家花王的作品，順道回味一下 50 至 70 年代「粵語殘片」中常常見到「大戶人家鐵閘」的場景。

九龍塘一帶的獨立屋，其實是由英國人義德先生（Mr. Charles Montague EDE，『獵苑』所在的義德道就是以他的名字命名）於 1921 年倡議在九龍塘一帶興建「花園城市」，既可遠離市中心享受寧靜，又不至於要長途跋涉去上班，九龍塘跟中環的距離就剛剛好。可是建造過程一波三折，期間曾因省港大罷工及義德先生於 1925 年病逝而停工，最後由何東爵士於 1930 年接手完成。

區內其實有許多獨立屋都已被重建過，並非第一代的獨立屋。但當中仍有個別地段保留戰前面貌，或於戰後不久重建——正是香港經濟剛開始復甦，並開始引入現代主義風格的年代。

• 九龍塘大屋的花期大約為每年 1 月中至 4 月，個別則在 6 月開花。上圖：約道，左頁：施他佛道、律倫街交界

• 上圖：約道、多福道交界；
右圖：窩打老道、律倫街交界
右頁：窩打老道、對衡道交界

　　遊走於昔日好時光，欣賞鐵匠們的
手工鐵閘之時，也請稍稍駐足，好好欣
賞花王們一年一度的成果。畢竟——
「好花不常開　好景不常在
今宵離別後　何日君再來」
〈何日君再來〉
鄧麗君 唱／ 貝林 詞

• 左頁：約道、多福道交界；
上圖：約道、近窩打老道；
下圖：約道

地址及年份：第三街 160 號 / 1950
建築師：Antonio H. BASTO

港 式 楣 窗 窗 花

　　曾經有位朋友問過筆者，甚麼是港式美學的代表。紙皮石？水磨石樓梯？通花鐵閘？霓虹燈招牌？以上通通都是，但下回再問之時，請加入「港式楣窗窗花」！

　　楣窗（transom window）——建築上泛指門或窗戶之上，另一個用於採光或通風的小窗。至於大門楣窗，則是建築物大門門頂之上的一個獨立採光通風窗。那麼這口「港式大門楣窗」有甚麼特別呢？在筆者過去一年的考查發現，每一個楣窗都是獨一無二，大多見於 20 至 60 年代建成的樓宇，而且並不常見，粗略估計全港現存只有約 60-70 個左右，比 T 形路牌更少，更顯珍貴。

● 是次普查，在九龍城發現最多港式大門楣窗，圖中樓宇位於衙前圍道，踫巧大廈外牆完成維修，狀況不俗。

「花」從哪裡來？

這些鐵窗花（grilles）是由熟鐵扁條（wrought iron flatbar）扭成，19世紀或以前熟鐵由生鐵經過熔化及鍛打，並將雜質氧化而得到的產物。熟鐵具有韌性和延展性，硬度適中，所以適合用作製造窗花，作為裝飾或保安閘具之用。昔日未有冷氣調溫，一般樓房都需要透過開設楣窗，以促進室內的空氣流通；而楣窗鐵窗花，則早見於十九世紀的歐洲建築。

一般鐵窗花以鉚釘、氣焊或電弧焊（electric arc welding）將鐵件焊接，電弧焊於1881年由俄羅斯發明家 Mr. Nikolai BENARDOS 發明；時至1916年 The Hong Kong Telegraph 刊登太古船塢的廣告，首見 electric welding 字樣；至於在香港廣泛應用，要追溯至1950年代左右（1951年5月31日《香港工商日報》指西環有電焊工場發生工業意外）。

楣窗鐵窗花在歐洲十分常見，根據香港大學建築學院建築文物保護課程學部副教授李浩然博士在電郵訪問中表示，歐洲的楣窗鐵窗花多數由建築師／承建商設計，他們有一套非常成熟的繪圖庫，款式繁多，任選其一，或由當中再作修改即成。

·The Hong Kong Telegraph (1916, August 17)

• 深水埗公立醫局（1936年）原裝楣窗，連接處以電焊連接。

解構港式楣窗窗花

是次普查集中搜尋港島及九龍各區現存的大門楣窗鐵窗花，主要搜查在建築物入口大門上方，獨立成件置於大廈外牆立面中的楣窗鐵窗花；鐵閘頂一體化的鐵窗花則不計算其中。

粗略估計，現存（2023 年）於港島及九龍的大門楣窗鐵窗花，約只有七十餘個左右。翻看許多昔日的香港老照片，均見西式建築物的正門設有獨立楣窗，惟老照片解析度低，未能從相片中辨認窗花樣式及記錄。依是次普查所見，記錄內六十餘個楣窗鐵窗花均獨一無二，每個均由鐵匠親手製作，大部分以 5 款基礎元素構成：

| S 花 | C 花 | 圓形 | 螺旋捲 | 波浪 |

以年份劃分的話，大概可以看得出 1930 年代或以前，多數大門楣窗喜愛採用半圓設計，即西方巴洛克風格（baroque）建築中常見的 fanlight。及至 1930 年代後期，也許出於減省功夫的原因，絕大部分的大門楣窗都改為長方形。圖案方面亦見有簡化的趨勢；由戰前複雜的拼砌扭花圖案（S 花、C 花及螺旋捲），演變至戰後 50 年代的簡單幾何線條（直條、波浪條及小方片）。60 年代初，建築物規模開始擴大，由最多 8 層的小型住宅，變成超過十層及商住兩用且兼備升降機的高樓大廈；後來發展商開始忽略細節，以簡單鐵窗框代替，務求快快起樓賺錢；隨著電風扇和冷氣盛行，大門入口楣窗亦漸漸失去其通風功能，在 70 年代後期逐步消失。

大門楣窗窗花可謂每幢樓宇的「簽名式」，或多或少反映地主 / 建築師的品味和修養；當然，同一位地主 / 建築師，也會同時出現優異及馬虎的窗花作品。

1863

地址：大坑蓮花街
建築師：鄧元昌（又名懷清）、曾三利

● 從 1868 年舊照見到廟宇正立面有一個半月形楣窗，相片透過 AI 人工智能放大後，重現這道楣窗窗花的原裝模裝，應是內裡有一個小半月，再加幾枝向心的直鐵枝。

　　大坑蓮花宮最早建於清朝道光二十六年（1846 年），及至同治二年（1863）重建成現狀；時至 1975 年由華人廟宇委員會接管並修葺，2014 年被列為**法定古蹟**。現時所見蓮花圖案楣窗窗花應是 1986 年裝修時新安裝。蓮花宮採用兩進式建築。

　　有趣的是前殿建築呈半八角形寶塔狀，入口並非置於正立面中央，而是從左右兩旁入廟。從舊照中得知半八角形寶塔底下，本有一拱式基座（現已被埋在地底）以防寺廟被海水淹浸（當時蓮花宮位於銅鑼灣海邊的低窪地帶）。正立面中央設有小陽台，以一對羅馬托斯卡納柱式（tuscan order）作為支撐，中西合璧，相當罕見。

　　翻查各方史料得知蓮花宮原為兩位在香港以打石致富的客家人出資興建——鄧元昌（又名鄧焦六／懷清，在上環文武廟附近開設「元昌石行」）和曾三利（又名曾貫萬，清五品，在阿公岩開設「大元石行」，沙田曾大屋由他興建，鄧曾二人為同鄉，後為姻親）。當時政府基建多採用花崗岩，故打石廠常跟政府有生意來往。有理由相信蓮花宮的西式陽台、羅馬柱式和楣窗，構思可能源自政府的西式建築工程圖則；八角形寶塔則可能是模仿家鄉的「客家圍屋」，作為一種思鄉的概念。

右對稱型

1875

地址：鶴咀燈塔（法定古蹟）

建築師：不詳

短評：超過140年歷史的楣窗窗花，以「S花」拼湊，純裝飾；1873年港督堅尼地爵士提議興建，起初中文名為「雙樹門燈塔」（實指「雙四門」海峽），首任管理員為 Mr. A. Baird，年薪300英鎊。

左右對稱型

1915

地址：些利街30號回教清真禮拜總堂

建築師：Mr. A. ABDOOLRAHIM

短評：原寺為一所建於1849年的小石屋，1915年重建成現狀，2022年被列為法定古蹟。一組三個的楣窗極為精美，中間有一排象徵回教寺「莫臥兒圓頂」的圖案。

1919

地址：荷李活道 10 號舊中央警署

建築師：不詳

短評：屬法定古蹟，北立面採用新古典建築風格，並刻有「GR」字樣代表英皇佐治五世時代（R 代表皇帝拉丁文 Rex），大門及左右一排窗戶頂均設大型楣窗。

1924

地址：鴉蘭街 6 號

建築師：不詳，戰時業主為趙渭臣先生

短評：樓宇屬新古典風格，已採用鋼筋水泥建成，一樓更見法式露台；大門楣窗半邊給招牌燈箱遮蔽，無法見全貌。

左右對稱型

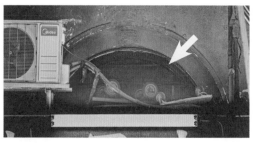

1929

地址：彌敦道 729 號

建築師：不詳，戰時業主為黃余氏

短評：建築屬新古典主義風格，被列三級
歷史建築。楣窗窗花部分已遭拆毀，惟圓
拱灰塑尚算完整。可見戰前樓宇楣窗偏愛
半圓設計，即西方常見的 fanlight。

左右對稱型

1932

地址：欽州街 51-53 號

建築師：不詳

短評：手工極度精細，以窩釘及燒焊混合
砌成，旁邊地舖拆去招牌燈箱後，才讓另
一組閣樓蝴蝶圖案楣窗重見天日。（一級
歷史建築）

1936

地址：醫局街137號「深水埗公立醫局」
建築師：周耀年李禮之畫則設計

CHINESE PUBLIC DISPENSARY
SHAM SHUI PO

此建築（二級歷史建築）以廣州式騎樓為基礎，混合西方 art deco 作外牆裝飾，正門楣窗同樣採用 art deco 常見的折線及幾何線條，統一風格。地皮由深水埗皇帝黃耀東先生捐贈，另合資起八幢樓收租，收入全作醫局經費；周耀年、李禮之二人為贊助此項目只收半費。周耀年先生大部分在港作品均跟公共建築有關，皆因其三弟周錫年醫生及堂兄周埈年爵士均為香港政界重要人物（周耀年為名流周啟邦先生的二伯父），故較容易得到政府信任而獲得工程合約。

左右對稱型

1936

地址：羅便臣道 15 號

建築師：不詳

短評：已故銀行家李星衢故居，現為其後人居住中。

樓梯隱藏版

1938

地址：侯王道 29 號

建築師：不詳

短評：戰前樓宇，其另一組楣窗隱藏於一樓的騎樓後方。地面至一樓的樓梯要一口氣行 28 級，相當驚險，又高又斜！

左右對稱型

1945

地址：衙前塱道 28 號

建築師：不詳

短評：樓宇狀況實在很一般，街前街後已見有舊樓重建。

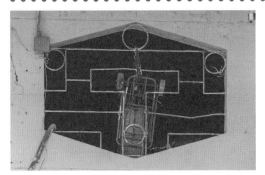

1948

地址：衙前圍道 142 號

建築師：姚德霖

短評：棚窗的 T 字以為跟業主英文名有關（如 Tsang, Tam），四個圓圈也許跟業主人數有關，但考查後發現並無關聯。

左右對稱型

鳴謝 artdecohongkong（IG）
提供潘賢達先生資料

1951

地址：通菜街254號

建築師：潘賢達（In Tat PUN）

短評：潘先生為皇仁書院及港大第二屆畢業生（1917），古腔粵曲名家，有掌板王之譽。從地契發現當年整段通菜街（240至254號）均為同一個建築項目，如今只拆剩254號這半邊樓。

左右對稱型

1957

地址：浣沙街2-4號

建築師：余緒麟（Steven S.L. YUE）

短評：大坑一帶仍有少量50年代建成的舊洋樓，不過只有這幢留有昔日原裝大門楣窗。

1972

地址：偉業街 179 號德隆工業大廈

建築師：譚向成 (H. S. TAM)

短評：譚向成先生作品多見於 60-70 年代商住大廈，工廈大門設置住宅常見的楣窗是極罕見例子。

1977

地址：日街 5 號

建築師：HUNG Hing Yu

短評：在是次普查中，年紀最輕的楣窗，而且還配備玻璃窗，但窗花銹蹟滿佈，狀況不佳。

左右對稱型

相片提供：Ms. ZHONG Ying, Cel

1930s

地址：廣東省廣州培正路 7 號

建築師：不詳

短評：筆者無意中從一位張敬軒先生廣州歌迷的 IG 上留意到，聯絡之下她特意為《香港老美》專赴拍攝。大宅兩層高，西式建築，從外觀及楣窗窗花設計推算為 30 年代建築。

軸心旋轉型

1950

地址：第三街 160 號

建築師：Antonio H. BASTO

短評：極為精緻的大門楣窗，是普查中唯一一個現存圓形兼配有水磨石框，在戰後物資缺乏情況下仍有此工藝，實屬難得。

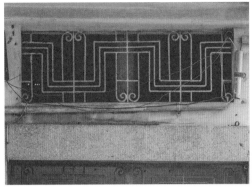

1951

地址：花園街 237 號

建築師：不詳

短評：採用較罕見的「凹凸型」圖案，遠望有點像古代城牆頂端的凹凸山牆。

1951

地址：渣華道 65 號

建築師：潘賢達（In Tat PUN）

短評：大廈現況不理想，地舖、二樓三樓均空置，一樓仍有居民；楣窗窗花採用同心旋轉幾何圖案，有別於同年代的設計，相當特別。

軸心旋轉型

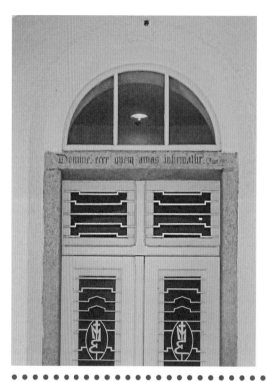

1875

地址：薄扶林道 139 號伯大尼教堂
建築師：奧塞神父（Fr. Osouf）
短評：同為超過 140 年的法定古蹟，由法
國外方傳道會興建，香港唯一新哥德式教
堂；初為傳教士療養院，也許因此窗花沒
太多花巧或保安設計，純粹透光通風。

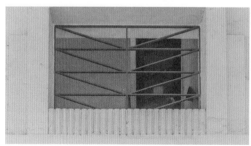

慳水慳力型

1932

地址：太子道西 190-204；210-212 號
建築師：Gabriel Van WYLICK
短評：二級歷史建築，由比利時義品地產
公司設計及承建，現場的橺窗窗花有原裝
熟鐵窩釘版，也有鋁料復刻版，是香港市
區現存最大的相連戰前洋樓群。

1941

地址：衙前塱道 44-46 號

建築師：不詳

短評：應屬戰前舊樓，楣窗窗花圖案只由直線及斜線組成，並以兩組圖案重覆。2022 年 5 月市建局宣佈此段衙前塱道屬重建範圍，不日清拆。

1944

地址：獅子石道 9A

建築師：不詳

短評：難得的戰時建築，特別的八角形設計，更配上玻璃片及石框。

慳水慳力型

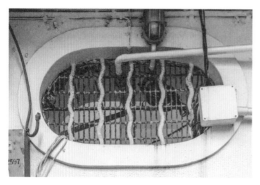

1950

地址：聖佛蘭士街 8 號

建築師：不詳

短評：也是無誠意之作品，求其用五條普通窗花的波浪條就完事，但勝在配上圓角水泥框扲些分數。

慳水慳力型

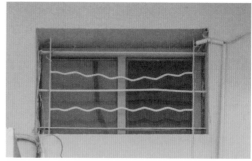

1952

地址：獅子石道 89-91 號

建築師：潘賢達（In Tat PUN）

短評：無誠意作品之一，上方一條波浪條已經彎曲，用料和力學計算之差，實在是不堪入目。

1954

地址：渣華道 7-19A 號
建築師：不詳
短評：雖說只用簡單直條高低接駁，但也看得見有焊工和設計在內。

1957

地址：成安街 15 號
建築師：Charles Lun CHAU
短評：大廈大門異常隱蔽，楣窗窗花用四方小鐵片焊於直條上，簡單得來有點風格，而且地舖閣樓氣窗（藍箭咀）均採用同款，比較特別。

慳水慳力型

1959

地址：蘇杭街96-98號
建築師：鄭頌周（C.C. CHENG）
短評：是次普查中首次見有楣窗窗花設於
商業大廈大門之上。窗花設計開始漸見改
用簡單直線線條。

慳
水
慳
力
型

1962

地址：渣華道88-94號 得勝大樓
建築師：吳煜民（Yook Man NG）
短評：較有趣的是這楣窗是一對相同的，
但各自安裝在92-94號樓和90-88號樓。

1949

地址：電氣道102-104號
建築師：葉衍芳（Hin Fong IP）
短評：相當有趣的楣窗，露台外牆通風孔
以鐵窗花裝飾。大門入口的楣窗卻被封
上，筆者好奇走上樓梯再看，驚見原來是
半份露台窗花，再上下倒轉，相當率性。

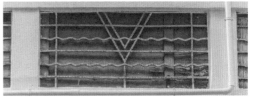

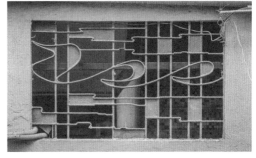

1957

地址：卑利街65號
建築師：葉衍芳（Hin Fong IP）
短評：是次普查中唯一一款是以抽象圖畫
作為楣窗窗花，筆者推敲最左邊為一隻水
鴨，在湖中暢泳，並泛起了陣陣漣漪。

自由創作型

網上舊街景「復活」已拆楣窗

　　舊唐樓／洋樓拆卸的速度比想像中快，短短十年間，街景已面目全非。在深水埗和九龍城這兩區特別多重建項目，筆者就此特意來個網上行街活動，無意中發現有些已拆舊唐樓／洋樓原來也有楣窗窗花，故透過昔日街景將已拆去的楣窗窗花重新繪製，留個記錄。

2022

1933

地址：元州街 75 號
建築師：不詳
短評：上址現由醫道惠民醫館的黃天賜醫師進駐，2016 年左右全幢重新修復，惟也將大門的原裝楣窗窗花一併拆走。

綠林甜品

Feb 2009

相片來源：
Google
Map@2009

網上復活

相片來源：Google Map@2009

1953

地址：賈炳達道 142-154 號

建築師：不詳

短評：上址已被收購，2017 年左右拆卸，2022 年開始重建工程。

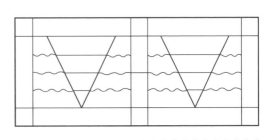

1964

地址：太寧街 2A-2B 號

建築師：余緒麟（Steven S.L. YUE）

短評：上址為公務員樓，大樓仍健在，惟楣窗窗花於 2011 年大樓維修時被拆除。

相片來源：Google Map@2009

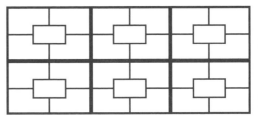

網上復活

1920s

地址：南角道 3 號
建築師：不詳
短評：從外觀及木樓梯觀察，樓宇應為戰前唐樓（約 1920 年代），惟文件戰時丟失未能確認年份。地舖本為「怡順榮機器五金」，2010 年結業。2021 年由餐廳「南角」承租，並將招牌由舖面移至騎樓，讓隱藏多年的閣樓楣窗窗花重現。鐵窗花的安裝較特別，是先將柚木框鑲嵌在石屎外牆，再安裝鐵窗花。

地舖閣樓

地址：欽洲街 51-53 號

建築師：不詳

短評：地舖商店於 2021 年左右結業，大門頂燈箱拆除後，讓隱藏背後多年的閣樓蝴蝶圖案楣窗窗花重見天日。

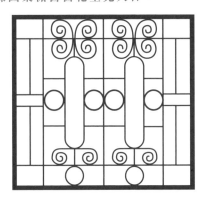

地址：荷李活道 60 號

建築師：不詳

短評：唐樓本身建於 1919 年，入伙初期地舖本為「萃文書坊」，專售新文化書刊（如魯迅、胡適的作品）；一樓及二樓則為香港華仁書院創校校舍。地舖於 1948 年由公利真料竹蔗水進駐至今。

地舖閣樓

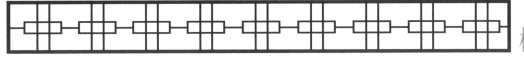

1954

地址：山東街 80-82 號

建築師：不詳

短評：地舖 2021 年底左右租客易手，騎樓底原有的膠雨蓬同時拆除，才讓閣樓的楣窗窗花較易被見到。簡單的直線幾何圖案跟 50 年代的簡約風格吻合，惟招牌遮蔽著大部分楣窗。

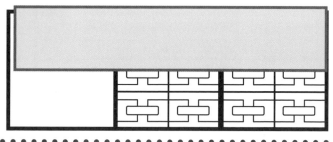

1956

地址：皇后大道東 106-108 號

建築師：劉登（Rudy T. LAU）

短評：樓宇 1956 年入伙，快樂餅店老闆黃少平先生於 1977 年頂手原址的麵包店。老闆以「快樂」命名，是祝願大家吃得快樂。閣樓楣窗窗花設計簡單，以小方片及斜線拼砌，跟五十年代的風格相近。

2023 年 11 月更新：大廈業主收樓，快樂餅店已於 2022 月 8 月光榮結業，老闆於馬鞍山另設分店，又再於皇后大道東 66-68 號重開「快樂麵麭」，灣仔舊舖大樓相信將於不日清拆。

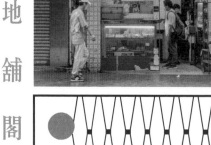

地舖閣樓

地址：北街 14 號

建築師：余緒麟（Steven S.L. YUE）

短評：地舖電話配件店於 2018 年左右結業，及後菜檔進駐，將閣樓外的燈箱和招牌膠板拆除，讓這對獨特的轉角閣樓楣窗窗花重見天日；窗花圖案極為抽象，可會是一群小金魚或是一束束小花朵？

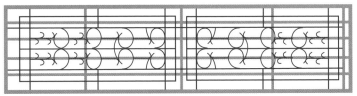

地址：東邊街 4-6 號

建築師：C.K. TSANG

短評：根據《米芝蓮指南》一篇報道，友棧海味由大廈入伙便在現址開設，相信這組閣樓楣窗窗花是當年原裝模樣。相中舖位為儲物間，左旁為營業舖面；窗花圖案相當密集，相信跟貴價海味防盜有關。

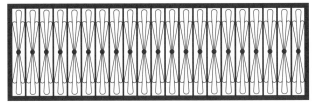

地舖閣樓

1870s-

1875-鶴咀燈塔

1875-伯大尼教堂

南便
上環街市

1913-南便 上環街市（已拆）

1915-些利街回教清真禮拜總堂

1919-荷李活道10號舊中央警署

1924-鴉蘭街6號（淺灰色部件被遮或拆掉）

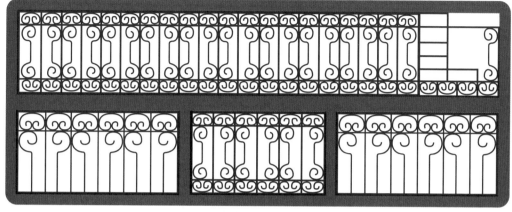

1920s-南角道3號地舖閣樓

1920s-荔枝角道386-388號

1929-彌敦道729號
（鐵窗花部分已被拆毀，
但圓拱灰塑部份仍完整）

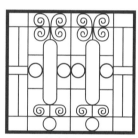

1932-欽州街51-53號
地舖閣樓

1932-欽州街51-53號

二戰前作品

217 　　第三章　　手工再老美

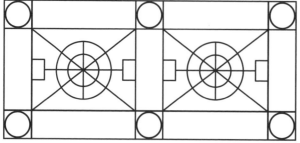

1930s-廣州 培正路7號

1930s-廣東道538號（已拆樓）

1930s-成和道9-11號

1933-元州街75號（2019年已換）

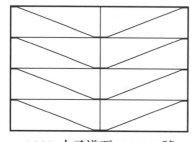

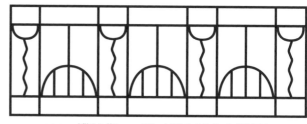

1932-太子道西190-212號

1936-醫局街137號（深水埗公立醫局）

1936-羅便臣道15號

二戰前作品

1938- 侯王道 29 號正門

1938- 侯王道 29 號 Hidden frame

1941-衙前塱道44-46號

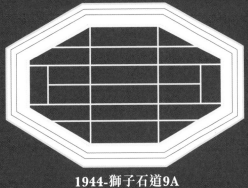

1944-獅子石道9A

二戰前作品

1945-衙前塱道28號

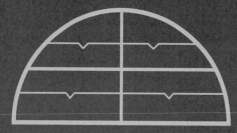

1945-毓秀街17號

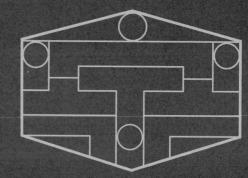

1948-衙前圍道142號

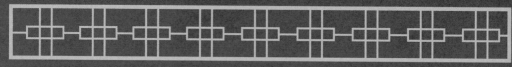

1948-荷李活道60號地舖（公利真料竹蔗水）

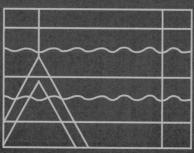

1949-電氣道102-104號

二戰後作品

1950-第三街160號

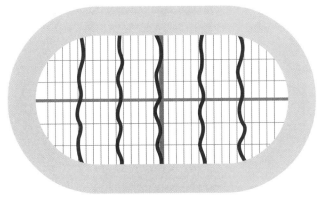

1950-聖佛蘭士街8號

二戰後作品

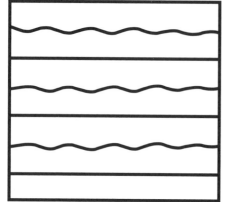

1950-候王道73-75號

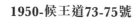

1951-聯合道76-78號

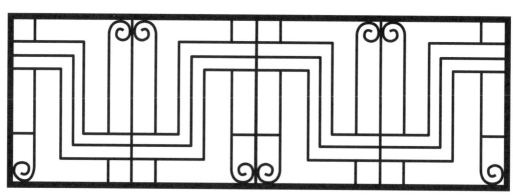

1951-花園街237號

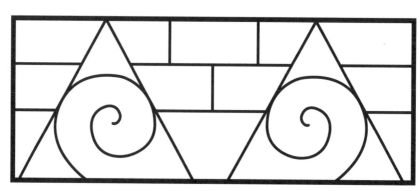

1951-通菜街254號

二戰後作品

1951-渣華道65號

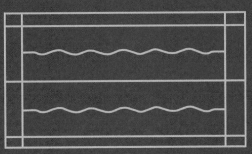

1952-獅子石道89-91號

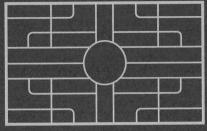

1953-眾安街1-3號

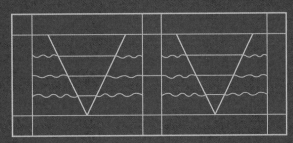

1953-賈炳達道142-154號（已拆）

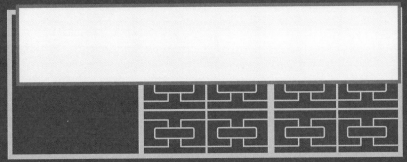

1954-山東街80-82號地舖閣樓

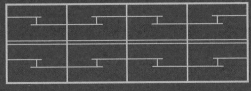

1954-渣華道7-19A號

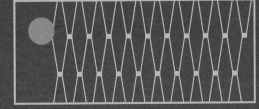

1956-皇后大道東106-108號地舖閣樓

二、戰後作品

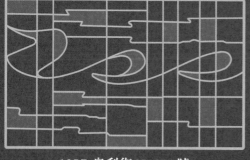

1957-卑利街65-65A號

1957-浣沙街2-4號

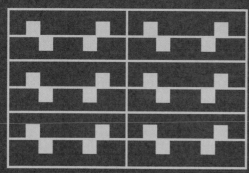

1957-成安街15號

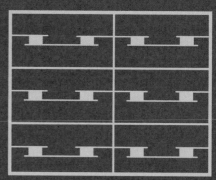

1959-蘇杭街96-98號

1960-大南街256-258號

1960-新填地街207-209號

二戰後作品

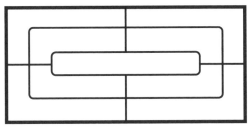

1961-荔枝角道275-279號

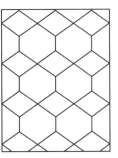 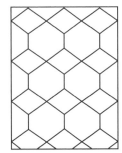

1962-渣華道88-94號 得勝大樓

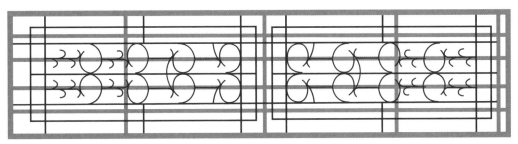

1963-北街14號地舖閣樓

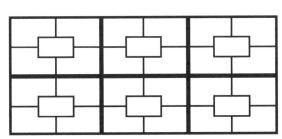

1964-太寧街2A, 2B號（2011年已換）

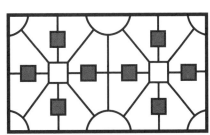

1965-馬頭角道4號J, K

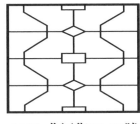

1962-北河街88-90號

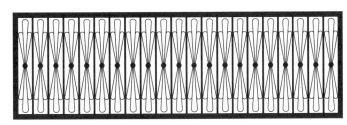

1968-東邊街6-8號地舖閣樓

二 戰 後 作 品

1972-德隆工業大廈

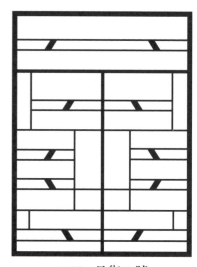

1977- 日街 5 號

1986-大坑蓮花宮（1863）

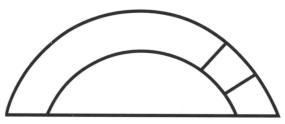

1863-大坑蓮花宮（原裝已拆）

二
戰
後
作
品

留下來傳下去

築動．夢想
——浸信會天虹小學 x DreamStarter

　　承傳不是請客食飯，要身體力行。筆者 2022 年 1 月收到浸信會天虹小學鄧淑儀老師的邀請，出任三年級 DreamStarter 課程客席導師。要向小朋友講課當然要動動腦筋，想個有趣題目讓各位同學仔動口又動手——將港式欄窗窗花結合霓虹光管招牌，製作手工書籤。我們都希望從小播下保育的種子，承傳保育香港文化。付印前課程仍在進行中，期待小朋友的作品喔！

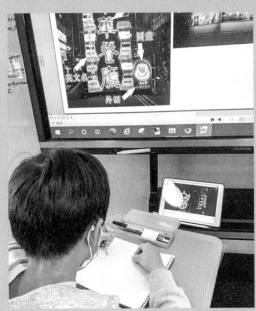

● 結合窗花元素和霓虹燈招牌起初稿。

● 同學們先了解霓虹燈招牌的結構。（鳴謝「霓虹交匯」借出教材）

● 以彩色鋁線製作框架原型。

霓虹燈屈管師
胡智楷師傅

　　香港的霓虹燈招牌世界聞名，亦因為這些五光十色的招牌，讓香港的夜景在世界舞台突圍。招牌背後，正是由一班日以繼夜地「搵命搏」的師傅們創造奇蹟。雖然「霓虹熄了，世界漸冷清 *」，但他們的匠人精神，卻會一直承傳下去。

　　● 看似簡單的屈兩屈，要做到轉角位飽滿均勻，雙手需要有準繩的協調和平衡。

　　「霓虹燈招牌主要由六組師傅完成：鐵箱、搭招牌棚、屈管、油漆、燈管安裝和美術設計——一個招牌養活十幾人；而我就負責屈管的，17歲那年暑假，做燈管安裝的爸爸帶我入行，我由屈管做起，一做三十多年。」胡智楷師傅娓娓道來。「二十多歲時，跟幾個師兄跑去台灣闖闖，屈管的工作不算多，但大開眼界，發現原來霓虹燈除了可以屈成平面圖案及字體外，還可以屈成立體。」篇首圖中的那副紅眼鏡，正是從台灣回港後啟發的作品——也成了胡師傅今天將霓虹管轉化成燈飾的起點。

*節錄自 許美靜《傾城》（黃偉文 詞）／ 1997

師傅也有入行時

80至90年代香港經濟躍飛，也是霓虹燈招牌最光輝的一段日子——「間間舖頭都想做個大招牌！」那時候胡師傅跟幾位師兄弟開設工作室，日以繼夜地「車輪式」趕製招牌，「屈管屈到零晨，就打開尼龍床席地而睡，由兄弟們接力。第二朝醒來又繼續屈，整個星期都沒回家。工程單有時多到接不下，還得失了些老闆們！」三十多年來，胡師傅的作品多如牛毛，但當中印象最深刻的會是哪個呢？胡師傅說他從來不知道完成的光管最後安裝在哪裡！「那時做到人都麻木了，招牌一個接一個；不過有個招牌倒是有點印象——牛頭角德寶花園的彩鳳戲院的招牌（已拆），因為它有一組『七彩排骨盤』，又密又多，很難屈得好，屈到有點『忟』呢！」

雖說屈管的工作大多依據來稿草圖去做，甚少滲入個人創作色彩，但一支支又硬又直的霓虹光管，經過師傅的巧手，轉眼變成充滿線條美的招牌字及圖案，「看著它由一條平平無奇的直線，變成宣傳香港的漂亮圖案，像賦予它生命似的，都幾有滿足感！」胡師傅談到這裡，終於卸下「謙遜的容顏」，即使他戴著大碼立體口罩，都掩蓋不了臉上的自豪感！

千禧年後，LED燈珠開始流行，霓虹燈招牌的生意漸走下坡；師傅身邊的同業，有的退休、有的轉行。胡師傅呢？「其實我有想過轉行，在90年代尾試過上深圳開咖啡店，又試過做拉電纜工程，期間又斷斷續續做屈管的工作（註：師傅是名副其實的slash先驅）；也許是命運的安排，霓虹燈選擇了我。早幾年在南華霓虹燈兼職做屈管，踫巧M+博物館的『探索霓虹』團隊來公司訪問，期間問老闆『那位年輕人也是屈管師傅嗎？』（指我），介紹之下又訪問我。團隊離開後，老闆見我對答如流，叫我留下來全職幫他，而我就繼續霓虹之旅，亦開始接觸傳媒和保育工作。」

● 右頁：屈霓虹光管要有三把火——一把是將玻璃管加熱變軟的火槍台，另一把就是下圖這把將兩段玻璃相接或收口斷開的G形火槍。第三把火，就是對工作熱誠認真的火喔！

● 將玻璃管放在火槍台火尖上加熱，火焰尖部溫度最高可達攝氏800-900度！

● 玻璃管燒至變紅後，代表已經軟化，可以進行屈曲的步驟。

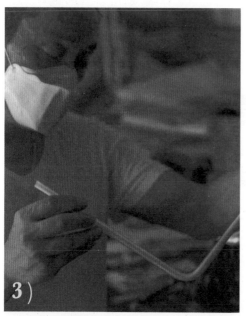

● 屈至預期彎度的同時，亦要向管內吹氣，因玻璃管燒軟後彎位會凹陷，故要適當地吹脹令彎位飽滿。

● 把玻璃管放上1:1的工程圖紙上拼一拼，看看是否合適。當然，如果是自由創作的話，放平就可以。

(5)

* 屈好預期的形狀後，就可以安裝俗稱「燈頭」的電極。利用 G 形火槍，將「燈頭」和光管的「踎口」稍稍燒熔，同時也要向管內吹氣，以免「踎口」凹陷。

6)

• 光管燈頭接上電極通電，並同時接上抽真空機，先點亮光管，以燃燒管內空氣的雜質。燒光空氣後，就進行抽真空和入氣的工序（一是「雙拼」氖氣（neon）和水銀，或「單拼」氬氣（argon）），以拼出不同的發色。

7)

• 完成抽真空和入氣的工序，就可以用 G 形火槍將霓虹光管的接頭燒斷。

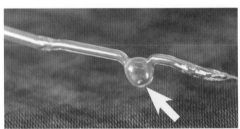

• 燈頭和抽氣泵之間要連上這個稱為「雞腸」的接頭，如輸入氖氣，就要預先放一顆水銀，稍後再倒入光管內。

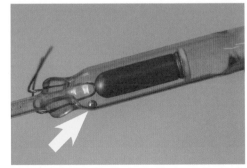

• 小水銀顆粒倒入光管內，讓氖氣激發出霓虹光。

霓虹之火

　　傳統的霓虹燈招牌工藝，已經步入黃昏之境。屈指一算，全港只餘約五至六位屈管師傅，而胡師傅應該算是現今業界「最後一輩」。往後的路如何走下去呢？「霓虹燈是不會沒落的，只是由昔日做戶外大招牌，變成室內的裝飾燈具，只要一日仍有需求，就一定會有人做。」

　　話雖如此，如果連胡師傅這輩人都退下來，後繼無人，誰去承傳這門手藝？「導賞團我經常做，做些簡單的屈管示範，讓大家對霓虹燈有個基本了解。兩三小時的示範，效果實在有限。不過亦曾試過導賞團過後，有朋友上來求教，我不收分文，傾囊相授，其中有一兩位更學得頭頭是道。如兼職為興趣做的話是可以，但不能以此為生計啊！」

　　未來的日子，大家能夠做的，就是盡做，直到不能做為止。胡智楷師傅現全職做屈管及製作霓虹燈飾的工作，工餘時間會聯同一眾保育團體將霓虹燈招牌的知識和歷史，透過各導賞團及展覽向公眾介紹。

留下來傳下去

把燈留住

TETRA NEON EXCHANGE

網頁：www.tetraneonex.com
FB：TetraNeonExchangeTNX
IG：tetraneonex

霓虹燈招牌曾經是香港的標誌，它不但將舖號介紹給途人知道，也將香港介紹給世界各地的旅客認識。但隨著 LED 燈珠的興起，和屋宇署的招牌清拆計劃，霓虹招牌差不多是見一個、拆一個。不過，香港仍有一班有心人，願意花人力物力，去將這個讓香港發光發亮的好傢伙保育下來，更把一班製作霓虹燈招牌的幕後功臣的故事記下，啟發下一代——這就是「霓虹交匯 Tetra Neon Exchange」的保育使命。

霓虹交匯是一個非牟利機構，宗旨是爭取保育現有的霓虹燈招牌，希望復修後可以在適當的地點重新展示，並向公眾介紹業界從業員昔日拼搏的故事（2023 年 6-9月在大館舉辦過大型展覽「霓續」，見上圖）。陳倩雯小姐（Cardin）是霓虹交匯的總經理，除透過自身豐富的霓虹燈招牌知識，展開及研究保育工作外，更進一步主動聯絡業界前線師傅們，把保育計劃做得更周全和專業。

霓虹燈招牌的確已經漸漸失去宣傳的功能，被淘汰無可厚非。「拆除之時我們應該反思招牌背後的文化價值——它們都是由一班師傅徒手計算和製作的手工藝品，而並不是因為被拆除就當作廢鐵丟到堆填區。我們期望做到保育之餘，也透過展覽和宣傳令大眾和下一代認識香港獨特的文化和價值。」Cardin 語重心長地說。

説到最令人深刻的霓虹招牌保育項目，就一定要數「佐敦翠華」那一次！「那次其實是我們第一次做如此大型的保育項目。事前我們力邀楷哥現場教路指導，同時亦鼓勵各業界師傅親身參與及體驗保育計劃；出奇地，參與項目的各贊助單位知道我們的保育目標後，出錢又出力。大家都希望藉此可以感染社會大眾，將保育的願景推廣開去！」

　　不諱言，招牌始終有拆完的一日，霓虹交匯往後的路如何走呢？「除了要保育招牌外，我們最希望大眾珍惜和認同手工藝（craftsmanship）的價值，和背後『搏命搏』的故事，從而引申至改變大眾某些固有觀念，及將『港式霓虹』的精粹，以合時宜的方式承傳下去。無論如何，我們不希望因為沒有人認識霓虹燈文化，而讓它無聲無色地消失。We believe and have faith in Hong Kong Neon!」

成功保育案例

相片來源：霓虹交匯

1) 翠華：是霓虹交匯的首個保育項目，也是全港首次在通電情況下將霓虹燈招牌拆卸並進行保育修復。詳細過程詳見短片：

（非常感動催淚）

相片來源：曼谷紅大哥水門雞飯

2) 曼谷紅大哥水門雞飯：店主為餐廳第三代後人，自少極喜愛港產片中的霓虹燈招牌。早前店家在曼谷開分店，但找遍泰國苦無師傅懂得港式招牌風格，故聯絡霓虹交匯協助，最終 Cardin 邀得書法家華戈提字，並在港設計招牌樣式，然後交予曼谷的師傅製作，成功將港式招牌承傳出口。

太平館餐廳霓虹招牌
live takedown

也許是緣份，筆者於 2023 年 8 月 6
日晚完成攝影工作後往佐敦用膳，不料
聽到食客指街口的太平館招牌正在拆卸，
就立即動身前往記錄這一幕。「霓虹交
匯」的工作人員採用 live takedown 的方
法，將招牌以通電點亮的狀態拆卸，場
面感人，太平館餐廳的東主徐氏家族及
其管理層亦一同參與這場告別儀式。

大招牌雖被拆，但業主稍後已重新
安裝一個小型招牌代替。氣勢嘛，當然
比原裝的稍遜。

附錄 1：
百 年 中 外 大 事 時 序 簡 表
（1840-1997）

香港、中外大事		香港建築及基建
第一次鴉片戰爭	1840	西營盤雀仔橋建成
起草《穿鼻草約》/ 1 月 26 日英軍佔領港島	1841	中央監獄建成
南京條約簽定，正式管治香港島	1842	
首任香港總督砵甸乍爵士就任	1843	
	1846	駐港英軍司令總部大樓（現茶具文物館）建成
寶寧填海計劃	1854	
第二次鴉片戰爭（英法聯軍之役）	1856	
在《北京條約》加入新條款，割讓（「永租」）九龍半島界限街以南部份連同昂船洲	1860	
	1863	大坑蓮花宮建成
	1875	伯大尼教堂建成/ 鶴咀燈塔建成
	1884	魯班先師廟建成
	1888	山頂纜車開始投入服務
重啟寶寧填海計劃/ 香港電燈開始為港島供電	1890	
太平山街鼠疫	1894	堅尼地城屠房及石牆建成
英國與中國簽訂《展拓香港界址專條》，租借九龍界限街以北、深圳河以南 99 年至 1997 年	1898	天星小輪成立
西營盤常豐里鼠疫/ 中華電力開始為九龍地區供電	1903	初代第二街公共浴室建成
	1904	香港電車成功試行，開始投入服務
	1906	李炳向政府購入大量深水埗地段
	1908	深水埗「新市鎮」首批新建樓房建成
英皇佐治五世登基	1910	
滿清滅亡，中華民國成立/ 香港大學成立	1911	
	1913	威靈頓街地下男公廁建成
一戰開始	1914	
	1915	西環山李苑太白樓建成/ 些利街回教清真禮拜總堂建成
一戰結束	1918	鴨巴甸街士丹頓街交界地下男女公廁建成 / 深水埗街市建成 / 李寶龍開發西環山（I.L. 1355）
	1919	舊中央警署建成
	1921	盧吉道完成
	1922	舊贊育醫院建成 / Rosie Weill 購入 Alberose 地皮（R.B.L. 218）
孫中山先生來港，並於香港大學大禮堂公開演講	1923	李星衢譚煥堂簽約贈地予魯班先師廟
	1924	北河街 58 號唐樓建成/ 青蓮台 1-13 號建成
孫中山先生北京病逝/ 省港大罷工	1925	第二街公共浴室（第二代）建成
	1926	青蓮台道路命名刊憲
	1927	Alberose 建成
香港第一次旱災制水	1929	
	1930	九龍塘花園城市建成
	1932	欽州街 51-53 號建成 / 般咸道 35, 37 號建成
英皇佐治五世登基 25 周年銀禧紀念	1935	
英皇佐治六世登基	1936	
	1937	彌敦道 190 號建成
二戰開始	1939	第四代中環街市建成
日 軍 攻 港，香 港 淪 陷	1941	
二戰結束，香港重光	1945	
中華人民共和國成立	1949	120 號戰後型電車原型成功試行
韓戰開始	1950	

	1951	中電嘉林邊道變電站建成 / 筲箕灣至石澳 9 號中巴巴士開通
港英政府推行「公務員建屋合作社計劃」	1952	璇宮戲院建成 / 海安冰室開業
韓戰結束 / 英女皇伊利沙伯二世登基 / 石峽尾大火 / 推出徙置區計劃	1953	北角春秧街電車路建成
	1955	石澳巴士總站建成 / 白沙道蘭芳道唐樓群 / 北角英皇道大昌大廈建成
雙十暴動	1956	活道 12-14 號建成
	1957	引入卑利沙燈 / 香港首座多層停車場建成 / 第三代 天星碼頭建成 / 香港首座公共屋邨——北角邨落成 / 繼園街 60-74 號建成
	1958	嘉頓中心重建完成 / 璇宮轉手變成皇都戲院 / Alberose 上座由港大拆卸重建
中國三年困難時期	1959	香港第一條行人隧道——干諾道中至中環天星碼頭 建成
	1960	公務員樓工廠街 32 號建成、義德道 17 號「獵苑」 建成
	1962	第二代大會堂建成
香港中文大學成立；香港第二次旱災制水，每四天 供水四小時	1963	香港第一座分層行人天橋——禮頓道行人天橋建成
香港銀行擠提；開始向中國買東江水	1965	海運大廈和五枝旗桿建成
天星小輪加價引致九龍暴動 / 文化大革命開始 / 香 港 612 水災	1966	九龍麵粉廠建成 / 北角僑冠大廈建成
67 暴動，警方於北角僑冠大廈大搜捕	1967	
電車取消等級制 / 愛秩序灣大火 / 618 雨災及山泥 傾瀉（秀茂坪、半山寶珊道）	1972	新光戲院建成 / 紅磡海底隧道通車
73 股災	1973	引入莫理遜燈號 / 設立玻璃纖維流動報案中心
尖沙咀九廣鐵路九龍總站搬至紅磡	1975	
文化大革命結束 / 愛秩序灣大火 / 中共中央委員會主席毛澤東先生病逝	1976	第四代香港郵政總局建成
	1977	祖堯邨入伙
	1978	花園道至美利道行人天橋建成
愛秩序灣填海計劃	1979	中環半山己連拿利天橋建成 / 地下鐵路（石硤尾至 觀塘）通車
福克蘭群島戰爭	1982	
	1983	CBS/ SONY 錄音室成立 / 偉業街行人天橋建成
中英聯合聲明簽署	1984	
第 26 任香港總督尤德爵士任內逝世 / 切爾諾貝爾核事故	1986	
前中共中央總書記胡耀邦先生逝世	1989	東區海底隧道通車
香港科技大學成立	1991	
波斯灣戰爭	1992	
香港特別行政區成立	1997	西區海底隧道通車 / 青馬大橋通車

附 錄 2：
30-70 年 代 香 港 活 躍 華 人 建 築 師

英文名	中文名	學歷	公職／精選在港建築作品
Hung Yip CHAN	陳洪業	中山大學理學士（建築），1944	**香港工務局建築師** 必列啫士街街市，1953 第三代天星碼頭，1957
Iu Nin CHAU	周耀年	香港大學工學士，1920	醫局街 137 號 深水埗 公立醫局，1936 九龍麵粉廠，1966
Chung Chow CHENG	鄭頌周	國立中山大學理學士（土木工程），1947	在建新營造有限公司工作時，接受黃培芬和 Mr. Alexander SKVORZOV 指導。 莊士敦道 164-176 號 美華大廈，1963
Nei-jen CHIEN	錢乃仁	密西根大學 建築學士，1937	歌和老街 2E-2H 號，1957 浣紗街 65-71 號「融苑」，1958 聖士提反堂，1963
Pin CHU	朱杉	美國賓夕凡尼亞大學 （建築學士，1922；建築碩士，1923）	嘉頓中心，1958
Hin Fong IP	葉衍芳	香港大學工學士，1916 **（港大首屆畢業生）**	活道 12-14 號，1956 卑利街 65-65A 號，1957 灣仔道 40-54 號 灣仔大樓，1959
Wing-hong KWAN	關永康	劍橋大學建築系	中華電力總部，1940
Pak Chu KWONG	鄺百鑄	中山大學建築學士，1949	雲咸街 36-38 號，1963
Ching Wo LAM	林清和		美善同道 96-98 號，1968 南京街 22-28 號 益美大廈 （AVON 錄音室所在地），1983
Ping-yin LAMB	林炳賢	聖保羅書院，1918 北俄亥俄大學 (Ohio Northern University) 理學士，1922	**中國唐山工學院（現西南交通大學）** **建築系創系主任，1946** 渣華道 80-86 號，1957 尖沙咀重慶大廈，1961
Young On LEE	李揚安	賓夕凡尼亞大學 （建築學士，1923；建築碩士，1928）	獅子石道 22-26 號，1952 北角衛理小學（長康街原校舍），1959
Pak Lun LEUNG	梁伯麟	香港華仁書院，1952 香港大學建築學士，1957	北角新光戲院，1973
In Tat PUN	潘賢達	皇仁書院 香港大學工學士，1917 **（港大第 2 屆畢業生）**	通菜街 254 號，1951 渣華道 65 號，1951 獅子石道 89-91 號，1952
Gin-Djih SU	徐敬直	密西根大學 （建築學士，1929；建築碩士，1931）	**香港建築師公會首任會長，1956-57** 旺角麥花臣球場（已拆），1952 石澳巴士總站，1955 香港殯儀館，1966 海防道 51-52 號 卑路乍街 63-65 號

Wai SZETO	司徒惠	聖保羅書院 上海聖約翰大學 （理學士 - 工程），1938	**香港建築師公會會長，1960** **立法局非官守議員，1965** **行政局非官守議員，1972** 建造商會小學，1958 江蘇街 8-10 號，1962 香港中文大學（山上部分），1963 西環觀龍樓，1968
Heung Shing TAM	譚向成		繼園街 60-74 號（已拆），1957 英皇道 290 至 304 號 五洲大廈，1962 偉業街 179 號 德隆工業大廈，1972
Fait-fone WONG	黃培芬	馬保亞工程大學 - 菲律賓 （Mapua I.T.） 建築學士，1934	**東華三院總理（1960-61）** 中電土瓜灣道變電站，1948 工廠街 32 號，1960 望隆街 19-21 號，1960 中環聖佐治大廈，1969
Henry, Ting Ki WONG	王定基	皇仁書院，1928-36 國立中山大學理學士（土 木工程），1946	義德道 17 號「獵苑」，1960 荃灣龍華戲院，1962 番禺會所華仁小學（灣仔校舍），1971
Steven S.L. YUE	余緒麟		**東華三院總理（1962-63）** 浣沙街 2-4 號，1957 荔枝角道 194-196 號，1959 界限街 13 號，1962 英皇道 395 號 僑冠大廈，1966

（按英文姓氏字母排序）

參 考 書 目

序章 承傳之老美

- Lo, Y. (2019, April 12). From Sony to American Standard: the story of Chung Yuen Electrical and Acme Sanitary Ware. Industrial History of HK. industrialhistoryhk.org/from-sony-to-american-standard-the-story-of-chung-yuen-electrical-and-acme-sanitary-ware
- 吳雨（2016 年 12 月 28 日）。〈黃霑病重贈詞作 張敬軒堅持唔發死人財〉。《商業電台》。取自 www.youtube.com/watch?v=njUgF_R6oxM
- 黃志華（1985）。〈唱片公司路線逐間評析（之三）——CBS 中庸為尚〉。《新時代雜誌》，43。

第一章 交通之老美
香港電車

- Pearce, J. (1945, March 1). An Outline of Conditions in Occupied Hong Kong. British Army Aid Group
- The China Mail reporter (1949, October 20). New tram in service. The China Mail.
- 鄭寶鴻（2020）。《香江冷月——日據時期前後的香港》。商務印書館（香港）有限公司。
- 謝耀漢（2018）。〈120 號〉。《香港電車文化保育學會》。取自 hktrams.org/2018/02/02/hktram120
- 薩空了（1985）。《香港淪陷日記》。三聯書店。

天星小輪

- Banham, T. (2003). Not the slightest chance, the defence of Hong Kong, 1941. Hong Kong University Press.
- Copy of selected excerpts from oral history interview with Lord Lawrence Kadoorie. (1989, February 14). Oxford Colonial Archives Project, Bodleian Library. University of Oxford.
- Cracknell, P. (2019). Battle for Hong Kong, December 1941. Amberley Publishing.
- Greenberg, P. (1987, March 15). Hong Kong's Star Ferry. The Washington Post. www.washingtonpost.com/archive/lifestyle/travel/1987/03/15/hong-kongs-star-ferry/c63a332f-aeb6-46ac-a315-e31276094d63
- Her Majesty's Stationery Office, The British Government. (1948, January 27). Supplement to The London Gazette (No. 38190). The London Gazette.
- Hong Kong and Far East Builder (1955). New star ferry piers. Hong Kong and Far East Builder, Vol.11, No.2, 41-43.
- Hong Kong and Far East Builder (1956). City hall and star ferry concourse. Hong Kong and Far East Builder, Vol.12, No.3, 9-11.
- Hong Kong Baptist University Library. (2021). History in Data. 2021. http://digital.lib.hkbu.edu.hk/history
- Johnson, D. (1998). Star ferry : the story of a Hong Kong icon. The "Star" Ferry Company.
- Lai, B. (2014). Hong Kong 194-45: First strike in the Pacific War. Osprey Publishing.
- Suzannah Linton & HKU Libraries. Hong Kong's War Crimes Trials Collection Website. http://hkwctc.lib.hku.hk.
- SCMP reporter (1941 December 13). Mrs. Jessie M. Holland. SCMP.
- The "Star" Ferry Co. Ltd. (2007). History. web.archive.org/web/20071011035709/http://www.starferry.com.hk/new/en/history/index.asp
- The China Mail (1879, September 12). Local and General: Last evening, as the Kowloon ferry launched the Morning Star was returning, on her last trip to Hong Kong. The China Mail.
- The Royal Rifles of Canada. (1941). Hong Kong War Diary, 1st December to 25th December 1941.
- Whitford, F. (1984). Bauhaus. Thames and Hudson Ltd., London.
- 大公報記者（1957 年 12 月 15 日）。〈港島新天星碼頭 今晨起啟用一邊〉。《大公報》。
- 大公報記者（1957 年 9 月 8 日）。〈新天星碼頭前 將建地道或天橋〉。《大公報》。
- 工商晚報記者（1937 年 4 月 30 日）。〈夜星小輪 昨晚夜深絞起〉。《工商晚報》。
- 工商晚報記者（1955 年 3 月 12 日）。〈尖沙咀新天星碼頭 伸出棧橋興建橋腳〉。《工商晚報》。

參 考 書 目

- 工商晚報記者（1956 年 8 月 12 日）。〈新天星碼頭 將增建鐘樓〉。《工商晚報》。
- 工商晚報記者（1957 年 2 月 10 日）。〈新天星碼頭 定四月啟用〉。《工商晚報》。
- 工商晚報記者（1957 年 3 月 17 日）。〈尖沙咀新天星碼頭 今晨已開始使用 搭客上落較快捷〉。《工商晚報》。
- 吳雪兒（2008 年 2 月 29 日）。〈製造五支旗桿的故事〉。《大紀元時報》。取自 hk.epochtimes.com/news/2008-02-29/ 製造五支旗桿的故事 -74387315
- 香港工商日報記者（1941 年 12 月 10 日）。〈域多利亞港 不準船艇駛入停泊〉。《香港工商日報》。
- 香港工商日報記者（1941 年 12 月 10 日）。〈義勇軍家屬 準備疏散〉。《香港工商日報》。
- 香港工商日報記者（1941 年 12 月 8 日）。〈港督楊慕琦昨下令 全港防軍動員服役〉。《香港工商日報》。
- 香港工商日報記者（1941 年 12 月 9 日）。〈限制九龍居民渡海〉。《香港工商日報》。
- 香港工商日報記者（1955 年 5 月 21 日）。〈天星小輪港九新碼頭 即將動工興建〉。《香港工商日報》。
- 華僑日報記者（1955 年 5 月 21 日）。〈新天星碼頭 能同時停泊四輪上落〉。《華僑日報》。
- 華僑日報記者（1956 年 5 月 25 日）。〈港九兩方 新建天星碼頭 首期工程接近完成〉。《華僑日報》。
- 華僑日報記者（1956 年 9 月 1 日）。〈新天星碼頭前 建天橋橫跨馬路 並築三層停車屋〉。《華僑日報》。
- 華僑日報記者（1957 年 3 月 5 日）。〈新天星碼頭 月底可啟用〉。《華僑日報》。
- 鄭寶鴻（2020）。《香江冷月——日據時期前後的香港》。商務印書館（香港）有限公司。
- 薩空了（1985）。《香港淪陷日記》。三聯書店。
- 鄺智文、蔡耀倫（2018）。《東方堡壘——香港軍事史 1840-1970》。中華書局（香港）有限公司。

行人天橋系統

— 偉業街行人天橋（KF 38）

- Airport Tunnel Road - Kowloon Bay Reclamation to Kwan Tong Road Including Wai Tip Street Grade Separated Intersection. HKRS1996-2-4
- Airport Tunnel Road - Kowloon Bay Reclamation to Kwun Tong Including Wai Yip Street Grade Separated Intersection. HKRS1996-2-5

— 花園道至美利道行人天橋（HF 50）

- Architectural drawing of Hotel Wynncor Hong Kong. P&T Group.
- 香港建築師學會（編）（2016）。《筆生建築：29 位資深建築師的香港建築》。三聯書店（香港）有限公司。
- 香港撒瑪利亞會（1995）。電視廣告短片。
- 張國榮（1986）。〈Stand Up〉音樂影片。《華星唱片》。取自 www.youtube.com/watch?v=Ka8WTpt03gc
- 華僑日報記者（1973 年 12 月 22 日）。〈花園道通至金鐘道 建行車天橋〉。《華僑日報》。

— 己連拿利（H 108）

- Urban Council, Hong Kong Government (1985, November 11). Memorandum for Members of The Administration Select Committee of The Urban Council, Re-naming of Thoroughfare in Central District. Urban Council, Hong Kong Government.
- 大公報記者（1977 年 8 月 6 日）。〈羅便臣道忌連拿利交界 港府收地起天橋 兩座大廈無須拆〉。《大公報》。
- 大公報記者（1979 年 12 月 14 日）。〈忌連拿利天橋 昨起正式啟用〉。《大公報》。
- 公務員事務局法定語文事務部（2010 年）。〈公文錦囊——鏤金刻石〉。《文訊》，39，6。
- 華僑日報記者（1979 年 12 月 14 日）。〈忌連拿利天橋啟用 半山區交通改觀〉。《華僑日報》。
- 華僑日報記者（1979 年 2 月 13 日）。〈半山區忌連拿利建天橋 本年九月完成〉。《華僑日報》。

— 盧吉道（HF 33）

- Public Works Department (1914, 1915, 1919). Public Works Report. Public Works Department.
- 蕭曉華（2020 年 2 月 26 日）。〈【在盧吉道散步】百年步道 魔幻與現實〉。《明周》。取自 www.mpweekly.com/culture/ 社會 / 盧吉道 - 山頂 - 太平山 -138831

參 考 書 目

- 蕭曉華（2020 年 2 月 26 日）。〈【在盧吉道散步】考據 盧吉道是如何建成的？〉。《明周》。取自 www.mpweekly.com/culture/ 社會 / 盧吉道 - 山頂 - 太平山 -138853
- 蕭曉華（2020 年 2 月 26 日）。〈【在盧吉道散步】觀景 生感最美〉。《明周》。取自 www.mpweekly.com/culture/ 社會 / 盧吉道 - 山頂 - 太平山 -138843

莫理遜燈號
- 邱益彰 @ 道路研究社（2019）。《香港道路探索——路牌標誌 x 交通設計》。非凡出版。
- 香港審計署（2015 年 10 月 27 日）。〈第 8 章 路政署 管理公共照明系統〉。香港審計署。
- 華僑日報記者（1958 年 5 月 17 日）。〈馬路中心安全石坪 改為斑馬島〉。《華僑日報》。
- 華僑日報記者（1960 年 12 月 15 日）。〈莫禮遜被控 駕車不小心 撞傷一老婦〉。《華僑日報》。
- 華僑日報記者（1973 年 5 月 29 日）。〈改善本港交通標誌 試用新式交通燈號〉。《華僑日報》。

卑利沙燈
- Historic England (2021 February 12). The Untold Story of the Highway Code. The Historic England Blog. heritagecalling.com/2021/02/12/the-untold-story-of-the-highway-code/
- Hong Kong Telegraph reporter (1934, September 19). London campaign for pedestrian safety. Hong Kong Telegraph.
- Hong Kong Telegraph reporter (1936, January 3). Roads tolls reduced Belisha Beacons brings relief. Hong Kong Telegraph.
- Spray, J. (2004). The history of the Pedestrians Association, A seventy five year campaign for Living Streets. The Pedestrians Association.
- 大公報記者（1956 年 3 月 14 日）。〈不「沿此路過」 十六人被控〉。《大公報》。
- 工商晚報記者（1957 年 11 月 20 日）。〈灣仔率先建成 兩條新斑馬線〉。《工商晚報》。
- 林穎嫻（2022 年 4 月 22 日）。〈運輸署推改善斑馬線試驗計劃 新黃波燈 LED 圍邊燈柱識發光〉。《香港 01》。取自 www.hk01.com/18 區新聞 /762365/ 運輸署推改善斑馬線試驗計劃 - 新黃波燈 -led 圍邊燈柱識發光
- 邱益彰 @ 道路研究社（2019）。《香港道路探索——路牌標誌 x 交通設計》。非凡出版。
- 香港工商日報記者（1957 年 4 月 10 日）。〈交通展覽會陳列各種設計模型 斑馬綫新計劃增設黃色閃光燈〉。《香港工商日報》。
- 華僑日報記者（1955 年 3 月 10 日）。〈沿此步過 昨日再改為 沿此路過〉。《華僑日報》。

地鐵雷達鐘
- Dismantling Disused Clocks at Public Areas in MTR Stations. (2020 February 25). Contract No.: Q074785.
- 工商晚報記者（1978 年 11 月 3 日）。〈地下鐵接收雷達錶 最準確計時系統〉。《工商晚報》。
- 香港工商日報記者（1979 年 10 月 3 日）。〈地下鐵安裝雷達錶〉。《香港工商日報》。
- 許鎮邦（2018 年 5 月 7 日）。〈93 歲孫秉樞 芝柏星辰傳佳話〉。《信報》。取自 www1.hkej.com/dailynews/finnews/article/1836028/93 歲孫秉樞 + 芝柏星辰傳佳話 ++
- 華僑日報記者（1978 年 11 月 6 日）。〈雷達錶供應地下鐵路 世界最準確計時系統〉。《華僑日報》。
- 雷達錶（1979 年 10 月 2 日）。廣告〈雷達錶送全港市民 一份最經得起時間考驗的禮物〉。《星島晚報》。

第二章 建築再老美
樓上雅座
- 星島頭條記者（2023 年 3 月 5 日）。〈周星馳《行運一條龍》取景餐廳廚房起火 30 人自行疏散〉。星島頭條》。取自 www.stheadline.com/breaking-news/3205618/ 周星馳行運一條龍取景餐廳廚房起火 -30 人自行疏散
- 郭詠瑤、呂嘉俊（2010 年 6 月 4 日）。〈時光定格 冰室〉。《飲食男女》，775，28-41。

活道 12-14 號
- Architectural drawings of I.L. 1337 R.P. BRAVO, HKSAR.
- Land register of inland lot No. 1337.

參考書目

- Lo, Y. (2018 December 3). Cheong K. (章記)-Real Estate Pioneer from the 1950s and 1960s. Industrial History of HK. industrialhistoryhk.org/cheong-k- 章記 -real-estate-pioneer-from-the-1950s-and-1960s
- The University of Hong Kong Libraries (2005). Spotlight on Treasures. Focus. 5(2), 5.
- 李金強 編（2014）。《香港教會人物傳（1915-2015）》。香港華人基督教聯會。

樓梯井採光透風孔

- dna webteam (2015, September 15). 10-member NRI family resides under one roof. DNA India. www.dnaindia.com/world/report-110-member-nri-family-resides-under-one-roof-4240
- SCMP (2019, February 26). Inside the Harilela mansion in Kowloon Tong, one of Hong Kong's most spectacular. www.youtube.com/watch?v=y1jkb6kNv4Y
- Wang, H. (2008). Mainland architects in Hong Kong after 1949 : a bifurcated history of modern chinese architecture. [Doctoral Thesis, The University of Hong Kong]. The HKU Scholars Hub. http://dx.doi.org/10.5353/th_b4088793

中環街市大樓梯

- Building (Planning) Regulations (1956). The Hong Kong Government.
- 葉泳詩、吳韻怡、林中偉（2021 年 9 月 4 日）。錄音訪問：〈閱讀城市—活化中環街市〉。《新城財經台》。

新光戲院

- Zodiac Lighting Limited（2018 年 10 月 3 日）。〈歷程三十 點滴回憶 @ 新光戲院〉。取自 www.facebook.com/zodiaclighting/posts/1073339399534060
- 吳子生（2023 年 8 月 9 日）。〈李居明自爆要賣樓套現撐住新光營運：喺香港做文化事業都係蝕本〉。《香港01》。取自 www.hk01.com/ 即時娛樂 /928147/ 李居明自爆要賣樓套現撐住新光營運 - 喺香港做文化事業都係蝕本
- 香港建築師學會（編）（2016）。《筆生建築：29 位資深建築師的香港建築》。三聯書店（香港）有限公司。
- 張敬軒（2021）。〈On my way〉音樂影片。《張敬軒 Hins Cheung》。取自 www.youtube.com/watch?v=8X5bpXbPsPM

義德道 17 號「獵苑」

- Wang, H. (2008). Mainland architects in Hong Kong after 1949 : a bifurcated history of modern chinese architecture. [Doctoral Thesis, The University of Hong Kong]. The HKU Scholars Hub. http://dx.doi.org/10.5353/th_b4088793
- 香港特別行政區發展局（規劃地政科）（2013 年 4 月 11 日）。〈立法會發展事務委員會資料文件——公務員建屋合作社計劃〉。香港特別行政區發展局（規劃地政科）。

工廠街 32 號

- Land register of 32 Factory Street and 19-21 Mong Lung Street.
- Architectural drawings of 8-10 Kiang Su Street. BRAVO, HKSAR.
- The Hong Kong Heritage Project (2014). The architects. The quarterly newsletter "Past and Present", 4. The Hong Kong Heritage Project.
- The Hong Kong Institute of Architects (2015). Annual report 2015. The Hong Kong Institute of Architects.
- 公務員事務局（2013 年 1 月 23 日）。〈立法會十六題：公務員建屋合作社〉。香港特別行政區立法會。取自 www.csb.gov.hk/tc_chi/info/2330.html
- 發展局（規劃地政科）（2013 年 4 月 11 日）。〈公務員建屋合作社計劃〉。香港特別行政區發展局。

嘉林邊道變電站

- Allsop, A. (2019). Russians in Hong Kong: Sketches from an uncommon life. The quarterly newsletter "Past and Present", 2. The Hong Kong Heritage Project.
- Architectural drawings of N.K. I.L. 3599. BRAVO, HKSAR.
- Braga, S. (2012). The adaptation of a Portuguese family to Hong Kong, 1700-1950. A thesis submitted for the degree of Doctor of Philosophy of The Australian National University.

- Kwong, C.M. (2021). The Battle of Hong Kong 1941: Battle Data Search- Alexander Skvorzov. Hong Kong Baptist University Library. digital.lib.hkbu.edu.hk/1941hkbattle

- Lo, Y. (2019 May 12). The Hongkong Engineering & Construction Company Ltd 1922-1993. Industrial History of HK. industrialhistoryhk.org/the-hongkong-engineering-construction-company-ltd/

- SCMP reporter (1951 December 11). Leaving colony on retirement-Mr. A.V. Skvorzov. SCMP.

- SCMP reporter (1952 Janurary 9). Leaving colony on retirement-Mr. A.V. Skvorzov. SCMP.

- Skvorzov, A.V. (1948). Chinese ink and brush sketches of prisoner of war camp life in Hong Kong. Skvorzov, A.

- Suzannah Linton & HKU Libraries. Hong Kong's War Crimes Trials Collection Website. http://hkwctc.lib.hku.hk.

- Wang, H. (2008). Mainland architects in Hong Kong after 1949 : a bifurcated history of modern chinese architecture. [Doctoral Thesis, The University of Hong Kong]. The HKU Scholars Hub. http://dx.doi.org/10.5353/th_b4088793

- 華僑日報記者（1949 年 5 月 31 日）。〈建新營造公司 獲利四十七萬〉。《華僑日報》。

德己立街 56 號 Jasmin Casa House

- Architectural drawings of 56 D'Aguilar Street. BRAVO, HKSAR

- 馮敏兒（2015 年 11 月 7 日）。〈今晚落老蘭？蘭桂坊的前世今生〉。《端傳媒》。取自 theinitium.com/article/20151107-culture-lankwaifong

德輔道西 207 號

- Antique Advisory Board (2010). Historic Building Appraisal No. 207 Des Voeux Road West, Sai Ying Pun, Hong Kong, No. 322. Antiques and Monuments Office.

欽州街 51-53

- Antique Advisory Board (2017). Historic Building Appraisal Nos. 51 and 53 Yen Chow Street, Sham Shui Po, Kowloon, No. 162. Antiques and Monuments Office.

- Directories annd Chronicles for China and Hong Kong, 1922, 1923, 1924, 1925

- Land registers of 51, 53 Yen Chow Street, Shamshuipo.

- N.K.I.L. 366. HKRS57-6-10845

- N.K.I.L. No. 366; N.K.I.L. No. 367, R.P.; N.K.I.L. No. 367, S.A — agreement. HKRS265-11C-405-2

- N.K.I.L. No. 366; N.K.I.L. No. 367, R.P.; N.K.I.L. No. 367, S.A — assignment. HKRS265-11C-405-3

- N.K.I.L. No. 366; N.K.I.L. No. 367, R.P.; N.K.I.L. No. 367, S.A - deed of partition (3 pieces). HKRS265-11C-405-1

- N.K.I.LS. 366 & 367 - Two areas of crown land in survey district 4, Shamshuipo - application of Hon Mr. Chow Shou Son for purchase. HKRS58-1-107-8

- 建築遊人（2019）。《築覺：閱讀香港建築（增訂版）》。三聯書店（香港）有限公司。

- 香港商務人名錄公司（1930）。《香港商務人名錄》。香港商務人名錄公司。

第三章　手工再老美

港式櫺窗窗花

— 大坑蓮花宮

- Roper, G. (2007). The History And Design Of The Lin Fa Kung Temple, Tai Hang, Hong Kong. Journal of the Royal Asiatic Society Hong Kong Branch, 47, 81-90.

- 何佩然（2018）。《班門子弟：香港三行工人與工會》。三聯書店（香港）有限公司。

— 鶴咀燈塔

- Colonial Secretary Office (1873 December 16). Government Notification NO 196: Tender for erection of lighthouse at Cape D'Aguilar Lighthouse. The Hong Kong Government Gazette.

- Colonial Secretary Office (1878 July 30). Cape D'Aguilar Lighthouse: Wanted a lighthouse keeper. The Hong Kong Government Gazette.
- Colonial Secretary Office (1881 July 6). Government Notification NO 251: Tender for repairing Cape D'Aguilar Lighthouse. The Hong Kong Government Gazette.
- Harbor Department (1875 March 19). Notice: Cape d'Aguilar Light. The Hong Kong Government Gazette.
- Hydrographic Office, Admiralty, London (1875 September 25). Notice to Mariners: Fixed light on Cape D/Aguilar (Tylong Head). The Hong Kong Government Gazette.
- Poon, S.W. (2017 May 25). Public Lecture: The Heritage lighthouses in Hong Kong. Department of Real Estate and Construction, HKU.

— 深水埗公立醫局
- Lau, L. P. (2014). Traces of a Modern Hong Kong Architectural Practice: Chau & Lee Architects, 1933-1991. Journal of the Royal Asiatic Society Hong Kong Branch, 54, 59-79.
- 吳啟聰、朱卓雄（2007）。《建聞築蹟：香港第一代華人建築師的故事》。經濟日報出版社。
- 香港工商日報記者（1936 年 10 月 27 日）。〈深水埗公立醫局新醫局昨舉行開幕禮〉。《香港工商日報》。
- 維城觸蹟（2001 年 10 月 26 日）。〈考察遊歷札記——深水埗公立醫局〉。取自 www.facebook.com/heritagefootprints.hk/posts/2727002354266852
- 鄭宏泰（2020）。《永泰家族：亦政亦商亦逍遙的不同選擇》。中華書局（香港）有限公司。

— 關於建築師潘賢達先生
- Artdecohongkong. (2022, April 22). About The Architect, Mr. Pun In Tat. www.instagram.com/p/CcqE4Bvv4es
- 楚竹（2011 年 8 月 1 日）。〈李銳祖學唱古腔粵曲〉。《澳門日報》。取自 www.job853.com/MacauNews/news_list_show_macao.aspx?type=4&id=82872&page=&y=0&m=0&d=0

— 關於鴉蘭街 6 號
- K.I.L. 2162. HKRS57-6-9980

— 關於窗花
- Callwey, G. (1964). Wrought Iron Railings Doors and Gates. Iliffe Books Ltd.
- Davison, J. (2010). Singapore Shophouse. Talisman Publishing Pte Ltd.
- Mitchell, D. (2017). Conservation of Architectural Ironwork. Routledge.
- Roeper, A. (2008). Treasury of Ornamental Ironwork: 16th to 18th Centuries. Dover Publication, Inc. (Originally Published in 1909).
- The Hong Kong Telegraph (1916, August 17). Advertisement: Taikoo Dockyard. The Hong Kong Telegraph.
- Tutton, M, Hirst, E & Pearce, J. (2007). Windows:History, repair and conservation. Donhead Publishing Ltd.
- Wang, H. (2008). Mainland architects in Hong Kong after 1949 : a bifurcated history of modern chinese architecture. [Doctoral Thesis, The University of Hong Kong]. The HKU Scholars Hub. http://dx.doi.org/10.5353/th_b4088793
- 辛永勝、楊朝景（2020）。《老屋顏與鐵窗花》。馬可孛羅文化。
- 香港工商日報記者（1951 年 5 月 31 日）。〈電焊工場及電版店 藏危險品違例被罰〉。《香港工商日報》。
- 陳志雄（2018 年 2 月 7 日）。〈農曆新年購買海味的習俗變遷〉。《米芝蓮指南》。取自 guide.michelin.com/mo/zh_HK/article/features/dried-seafood-during-chinese-new-year

鳴謝 （按英文姓氏字母、中文筆劃排序）

感謝以下朋友在編採、出版及歷史研究上提供指導及協助：

陳倩雯小姐（霓虹交滙）
鄭寶鴻先生（香港歷史博物館名譽顧問）
張敬軒先生
張兆忠先生（雅旺錄音室）
Mrs. Luba ESTES
(nee Luba Alexandra SKVORZOV)
何美智女士
許佩斯女士（英皇娛樂）
許盛發先生
Ms.Yeuk Shan LAU, Rosmund
Mr. Victor LI
李浩然博士（香港大學建築學系）
利偉明先生（雅旺錄音室）
黎兆明先生
Ms. Jenny LIM

羅元旭先生（商城雜記版主）
Ms. Kiki NGAN
Night Raven
蘇三 @ 蘇三茶室
鄧淑儀老師（浸信會天虹小學）
張晶晶女士
Ms. Era WANG
Mr. Stephen WU
胡智楷先生
Ms. Vanessa W. YEUNG
邢福增教授
（香港中文大學崇基學院神學院）
葉坤杰先生（Watershed HK）
Ms. ZHONG Ying, Cel

感謝以下組織 / 機構在編採及歷史研究上提供協助（排名不分先後）：
P&T Group (HK) / 中華電力有限公司 / 香港天星小輪有限公司 /
香港社會發展回顧項目 / 香港建築文物保護師學會（HKICON）/
香港特別行政區政府路政署 / 香港鐵路有限公司 / 歷程照明有限公司

感謝以下傳媒 / 書店 / 發行商在宣傳上提供協助（排名不分先後）：
AM730/ andthen.hk/ Book Treasures（加拿大）/MetroPop/
TORead【多讀】/U 週刊 / 一拳書館 / 二拳書館 / 夕拾 x 閒社 / 界限書店 /
北角森記圖書 / 序言書室 / 旺角樂文書店 / 神話書房 / 草根書室（新加坡）
/ 香港經濟日報 / 誠品香港 / 聯合新零售（香港）有限公司 / 天地圖書 /
銅鑼灣樂文書店 / 香港書房（日本）/ 超力國際食品有限公司

特別鳴謝（排名不分先後）：
Asia Society HK Center/ Mr. Terence CHAN and Ms. Lilian CHAN/
iDeal Shop HK/ Ms. Carmen LAI/ Ms. Alice MONG/ Universities of
Toronto Libraries/ 中華電力有限公司（公共事務部）/ 尹達明副校長
何泰安先生 / 李勁華先生 / 沙米 / 東華三院李潤田紀念中學 (aka my alma
mater)/ 阿希 / 胡秀慧老師 / 香港人的有聲書 / 香港大學發展及校友事務部
（DAAO）/ 香港教育城 / 翁漢輝先生 / 區永賢先生 / 曹吉蔣先生 /
梁智恆先生 / 陳惠玲副校長 / 麥雅端女士 / 程詩詠先生 / 馮蔭長先生 /
廖綺雯女士 / 龍寶祺先生 / 簡慧萍副校長 / 利家傑先生

家人鳴謝：
感謝爸爸媽媽賜我健康的身體，感謝太太賜我創作靈感和給予我無限忍耐，感
謝兩位小寶貝（芷澄和芷祈）讓我體會為人父親的甘甜，感謝我家小狗 Woody
（子森）成就了家中唯一的 bromance。

此書獻給我的攝影啟蒙老師——敬愛的父親 黃超民先生